LA

CANNE DE M. MICHELET

ÉDITION OFFERTE

AUX ÉCOLES DE LA VILLE DE PARIS

PAR L'ÉDITEUR

JULES CLARETIE

DE L'ACADÉMIE FRANÇAISE

LA CANNE

DE

M. MICHELET

PROMENADES ET SOUVENIRS

PRÉFACE PAR ALFRED MÉZIÈRES

DE L'ACADÉMIE FRANÇAISE

PARIS

LIBRAIRIE L. CONQUET

5, RUE DROUOT, 5

1892

A

MADAME J. MICHELET

RESPECTUEUX HOMMAGE

A JULES CLARETIE

MON CHER AMI,

Vous me demandez d'écrire quelques lignes en tête du nouveau volume que vous publiez. Comment ne serais-je pas heureux d'associer mon nom à un nom aussi honoré que le vôtre?

Il y a entre nous de vieux liens que vous voulez-bien ne pas oublier, je vous en remercie.

Depuis plus de quinze ans, depuis le temps où vous n'étiez qu'un tout jeune homme, nous servons ensemble la même cause. Après l'épreuve que la France a traversée, son plus grand malheur serait de recommencer sa vie d'autrefois, de ne pas savoir se retourner vers le passé pour y chercher des raisons de rentrer en soi-même et de ne plus mériter les mêmes châtiments.

A coup sûr ni vous ni moi, nous ne lui conseillerions d'alourdir son génie. Conservons la gaieté vaillante des Gaulois, nos pères; la liberté de l'esprit au milieu du danger est un signe de force. La noblesse française allait au feu, le sourire aux lèvres. Faisons comme elle.

N'oublions jamais cependant que, depuis la guerre de 1870, un nouveau sujet de réflexions s'impose à nous. La France a été vaincue, elle reste mutilée. Quelles que soient les joies que nous devons encore aux lettres et aux arts, quelle que soit la gloire que nous donne la science, aucun enivrement de l'heure présente ne peut faire disparaître de notre mémoire le souvenir de nos défaites. Si par moments nous paraissons y penser moins qu'il ne faudrait, il est nécessaire qu'une voix s'élève pour rappeler son devoir à ce pays trop facilement oublieux.

Cette voix, mon cher ami, c'est aujourd'hui la vôtre. Vous faites une bonne action en nous ramenant vers les heures cruelles du combat et de la souffrance. Vous réveillerez dans nos âmes des émotions dont nous aurions tort de nous déshabituer.

Il y a de la tristesse, mais il y a aussi quelque chose de fortifiant à repasser avec vous sur les champs de bataille couverts de nos morts, à revoir nos villages en feu et nos paysans fusillés pour avoir défendu le coin de terre où ils étaient nés. La vie moderne nous emporte dans un tel tourbillon de frivolités que vous nous rendez service en remettant sous nos yeux des spectacles de ce genre.

Au milieu de nos plaisirs, songeons quelquefois aux héros obscurs qui ont donné leur vie pour un pays qui ne saura jamais leurs noms. Comme dans tous les grands désastres de la Patrie, l'honneur a été sauvé par les dévouements individuels, par les sacrifices volontaires. Les petits et les humbles ont lavé dans leur sang, la honte de quelques-uns.

Les temps étaient durs, mais, vous l'avouerai-je, ils me paraissent, par certains côtés, supérieurs au temps présent. Sous le coup de nos malheurs, toutes les âmes s'étaient rapprochées, un seul sentiment dominait nos divisions : l'a-

mour de la patrie et le désir ardent de la sauver. Qui nous aurait dit alors que sitôt après nous verrions reparaître, avec toutes leurs iniquités, les fureurs des partis? Pour qui comprend le sens de votre œuvre patriotique, elle nous donne non seulement une leçon de sérieux et de courage, mais aussi une leçon de concorde. Au lieu de chercher à nous partager les lambeaux de la France, nous ferions mieux de serrer nos rangs pour lui rendre tous ensemble sa grandeur et sa gloire.

ALFRED MÉZIÈRES
(De l'Académie française).

I

PROMENADES DANS LE PASSÉ

PROMENADES DANS LE PASSÉ

La faute n'en est pas à moi, mais à la canne de M. Michelet !...

J'étais sorti, par les champs, songeant à quelque scène de mon drame que j'allais, dans un moment, jeter sur le papier et j'avais pris, pour m'accompagner, la belle canne à pomme d'or qui appartint à M. Michelet et que Mme Michelet m'a donnée. C'est comme un ami, un bâton de promenade. Il y a en lui quelque chose de vivant. Tout en marchant, il écarte la pierre du chemin, repousse l'ortie qui, hargneusement, se dresse le long de la route, soulève la branche de ronces qui pourrait vous égratigner dans les chemins creux. La canne, bonne compagnonne, est comme la confidente des pensées du promeneur. Elle se traîne lentement ou cogne tristement contre quelque caillou, si la réflexion est sombre, absolument comme on hocherait la tête ; et, si l'idée est gaie, la canne prend allègrement de petits mouvements vifs. Dis-moi comment se comporte ta canne et je te dirai ce que tu penses. Songez, comme preuve, aux lestes moulinets de la canne du caporal Trim et aux zigzags qu'elle dessinait dans l'air.

Et cette amie des promenades solitaires a cela d'excellent qu'elle écoute tout et ne dit rien. C'est le modèle des confidentes de tragi-comédies. La canne est muette et ne révèlera rien de ce que lui aura confié la fièvre de la main, trahissant la fièvre du cerveau. Je n'ai encore trouvé qu'une canne fantastiquement douée de la voix et de la vie : — c'est la canne de M. Michelet.

Elle est fort belle avec sa longue tige jaune et sa tête de quartz aurifère. Elle vient de loin, de bien loin, et en me la donnant, cette canne sur laquelle s'est appuyé Michelet rêvant, Mme Michelet m'en a conté l'histoire et je la cite :

« Elle vient du pays où les arbres ont l'ambition de monter jusqu'au ciel. Ces arbres, les *wellingtonia*, abritent parfois de leur ombre paternelle des étangs où se multiplie et s'enchevêtre une végétation inconnue à nos froides régions. C'est au bord d'un de ces étangs qu'a poussé ce beau jonc mâle. Son acte de naissance est donc porté sur les registres de San-Francisco. C'est un enfant du pays de l'or. La pomme d'or qui termine son extrémité supérieure a voulu en témoigner, mais d'une façon spirituelle : la plaque en quartz blanc où courent les filons du minerai, comme des veines, dit modestement : « Voilà ce que j'étais quand on m'a pris au sein de la nature. » Et la gangue qui sertit le quartz, dans son bel or pur, dit à son tour : « Voilà ce que m'a fait l'industrie de l'homme ».

« Le côté touchant de l'histoire est celui-ci : un élève de M. Michelet fut pris, un beau jour, de l'irrésistible envie d'aller se perdre dans les vastes prairies du nouveau monde. Il traversa tout d'une haleine les huit cents lieues du Far-West et ne s'arrêta qu'à l'ombre des wellingtonia. Le rêveur trouva là de toutes autres impressions que dans le désert. Il se vit au milieu d'une foule de gens qui, tous, avaient la fièvre du travail. Cette fièvre le gagne à son tour ; il se fait mineur et s'enrichit. Mais la fortune ne fait pas le bonheur. Il le sentait, le soir, assis sous sa véranda. Le passé lui revenait, les souvenirs mêlés de regrets. Les dernières paroles qui avaient remué son cœur d'homme se réveillaient peu à peu ; il se revoyait en France, à Paris, sur les bancs de ce grand Collège où sont venues s'asseoir toutes les nations. Il revoyait le maître aimé ; c'était à lui qu'il devait ce qu'il avait emporté de meilleur de la patrie absente. Le cœur gonflé, il s'écrie : « Je veux qu'il sache au moins que, même au bout du monde, je ne l'ai pas oublié ! » Le lendemain, il alla lui-même couper le jonc au bord de l'étang, lui fit sa toilette, et, quand il le jugea digne d'être offert à son maître, il fit graver comme hommage ces seuls mots : « *P. Fortier à J. Michelet.* »

Voilà l'histoire de la canne que Michelet emportait souvent dans ses promenades et sur laquelle, encore un coup, il s'appuyait lorsqu'il s'arrêtait devant quelque fourmilière, contemplant l'insecte « l'infini vivant » ou lorsqu'il gravissait la montagne, ou, sur la plage, regardait la mer. Et je l'avais emportée aussi, à travers bois, à travers champs, la canne précieuse autrefois envoyée de Californie ; et, tandis que je marchais, comme au hasard, parti de Viroflay pour aller tout droit devant moi, invinciblement j'étais attiré par la canne vers des coins de terre où, comme en un cimetière, dort l'histoire, et la canne, la canne de jong à poignée de quartz veiné d'or fin, me disait, me répétait — car elle parlait :

— « Regarde bien les endroits où tu passes. Sais-tu où tu es maintenant ? Non ! Eh bien ! tu es à l'endroit même où il y aura dans peu de jours seize années celui qui était alors l'empereur des Français partait, avec son fils, pour une guerre qui devait, moins de deux mois et demi après, le jeter prisonnier aux mains des Allemands ! »

Je regardai, en effet, l'endroit où, machinalement, j'étais venu, sans savoir, en suivant les allées désertes du parc de Saint-Cloud. C'était, dans un terrain envahi par l'herbe, l'emplacement de ce qui avait été autrefois le quai d'embarquement du chemin de fer particulier de Napoléon III. Là il prenait le train pour Paris, et cette ligne spéciale allait se relier, tout près, à la voie ferrée du commun des martyrs. Et la canne de M. Michelet, comme frémissant dans ma main, semblait évoquer cette journée du 27 juillet 1870 où, pour la dernière fois, le souverain était venu là porter ses pas, et cette autre — le 16 juillet, où, jour pour jour, avait retenti le clairon de la déclaration de guerre !...

J'aurais été fort étonné, je l'avoue, de cette

obsession du passé que faisait entrer en mon cerveau la canne de M. Michelet, si je n'avais souvent médité sur le roman de Mme de Girardin, la *Canne de M. de Balzac*. Mme de Girardin a fort bien expliqué que c'était à cette canne énorme, dont Froment Meurice avait, je crois, sculpté la pomme, que le peintre de la *Comédie Humaine* devait la meilleure part de ses succès. Cette canne le rendait invisible. Grâce à cette canne, il pouvait, sans être aperçu, visiter la cabane du pauvre et les palais du riche, comme les sultans des *Mille et une nuits*. Grâce à elle, Balzac regardait à loisir des gens qui se croyaient seuls, et saisissant l'homme au saut du lit, il surprenait, dit Mme de Girardin, « des sentiments en robe de chambre, des vanités en bonnet de nuit, des passions en pantouffles, des fureurs en cas quette et des désespoirs en camisole ».

La canne de M. Michelet a une autre propriété, aussi merveilleuse. Elle ne rend pas invisible le passé : elle évoque les fantômes, elle ressuscite les morts. Elle peuple de spectres les solitudes. Elle fait renaître la vie vivante là où, dans un lugubre repos, sommeille ce qui fut. Baguette de magicien, la canne du poète de l'histoire remet en place les décors évanouis des drames oubliés. Et c'est pourquoi, revivant pour un jour, les amères années d'autrefois, j'ai erré par les chemins, interrogeant ces coins de terre où notre histoire — et quelle histoire! notre histoire saignante — est ensevelie, et j'ai gravi le calvaire d'il y a quinze ans, la canne évocatrice, la canne de M. Michelet à la main!

Seize ans! il y aura seize ans dans quelques jours. Le 27 juillet 1870, vers deux heures de l'après-midi, dans une petite pièce du rez-de-chaussée du palais, pièce dépendant de l'appartement du prince impérial et où s'était, pour faire le portrait du jeune prince, installé M. Jules Lefebvre, celui qu'on avait appelé d'avance Napoléon IV achevait, joyeux d'aller au feu, ses derniers préparatifs de départ.

Le jeune Conneau venait de faire ses adieux au prince. Il y avait là trois personnes : l'officier d'ordonnance du prince impérial, M. Filon, et M. Jules Lefebvre, qui esquissait alors un portrait du prince impérial, en costume militaire, la tunique serrée, la botte au mollet et prêt à monter à cheval. L'esquisse du tableau subsiste seule.

Beaucoup de monde au château. Les estafettes allaient et venaient sans interruption. C'était la fièvre du départ, et, disait-on, la veille de la victoire.

M. Filon, le précepteur du jeune prince, restait pensif et semblait attristé.

— Voyons, monsieur Filon, dit l'adolescent, enchanté de se mettre en route, à quoi pensez-vous donc? Vous n'avez pas l'air gai!

— A quoi je pense, monseigneur? Je ne souhaite qu'une chose, c'est que l'avenir me permette de ne pas vous révéler, un jour, cette pensée que vous me demandez là!

Quelque tragique qu'il fût pourtant, le pressentiment du savant et dévoué précepteur du prince ne devait cependant pas prévoir toute l'horreur de la réalité. La réalité, la voici : le palais réduit en ruines, des murs d'un jaune d'or se dressant, comme crevés, dans un ciel bleu qui, ironiquement, apparaît dans l'encadrement de ces trous de pierres. Des balcons tordus, des tuyaux défoncés. A la base des murs éventrés l'envahissement lent de la lèpre du lierre. Dans les fondations, un gouffre vert: des touffes de plantes parasites, les végétations enchevêtrées des ruines. Çà et là, quelque trace de sculpture, une persienne blanche et qui n'a pas brûlé, semblable à une paupière unique au milieu de toutes ces fenêtres, yeux hagards et effroyablement ouverts. Au fronton du palais, les fleurs de lys de Charles X qui, lui aussi, est parti de là pour l'exil. Et dans ce palais si bruyant en juillet 1870, rien, personne en juillet 1884. Une clôture de planches l'enserrant comme une grille de cimetière et, dans les murailles, le vol et le cri des corbeaux.

Puis, dans un coin, logé comme à l'abri du palais en ruines, un marchand de photographies qui débite philosophiquement de vieilles images de la guerre aux Anglais aux visiteurs de passage et montre, dans un stéréoscope, le salon où fut résolue la déclaration de guerre, et la grand'place de Saint-Cloud, en ruines, emplie de la musique prussienne y jouant des airs allemands.

Et c'est comme une Morgue cet étalage de photographies curieuses, devenues rares, sur ces murs à demi écroulés du palais : Napoléon III et son état-major au camp de Châlons, Napoléon à Wilhemshohe, se promenant, au bord d'une pièce d'eau, sous la surveillance d'officiers supérieurs allemands ; Napoléon à Chislehurst, endormi sur son lit de mort. Et des généraux de la guerre, et des scènes de la Commune. Toutes les horreurs du passé inexpiable. Qui me pousse par-là ? Qui me dit de marcher, d'aller, de remuer ces cendres ? C'est la canne de M. Michelet.

Je veux voir la place même où l'empereur a pris le train de Paris, puis la route de Metz. Il faut longer le palais en ruines, suivre la grande allée de marronniers centenaires, parfois soutenus par des pierres que leurs racines énormes soulèvent d'un effort puissant. Le jardin est lugubre encore de ce côté. Partout des socles sans vases ou sans statues. Une tente rayée, en bois peint, où se tenait, près de la grille, quelque poste de grenadiers, du temps de l'empire. De grandes statues modernes, d'apparence attristée, autour d'un bassin. L'une d'elle, signée Barre et datée de 1866, l'*Abondance*, a emprunté ses traits, sa coiffure à l'impératrice Eugénie dont la beauté, qui avait alors le charme d'une marquise de Marivaux à Trianon, a maintenant l'expression tragiquement marmoréenne d'une plaintive d'Eschyle. Et l'*Abondance* de 1866 contemple, de ses yeux de marbre, la ruine de 1871.

L'ancien quai d'embarquement du chemin de fer privé est au haut du parc à droite, près de la voie ferrée. Mais il n'en reste rien. L'herbe, cette toison verte de la mort, a tout envahi. Quelques becs de gaz inutiles et qu'on n'allume plus marquent seuls, parmi les gramens, l'endroit où l'empereur monta dans le wagon qui emportait vers l'Allemagne non seulement la fortune de César, mais le sort de la

France. Voici la grille — faite de piques aux fers dorés — qui s'ouvrit devant le sifflement de la vapeur. Et, quoiqu'il n'y ait rien dans ce coin désert, rien que des herbes folles, des arbres frissonnants et ces becs de gaz élégants, mais dont la fonte est rouillée, on ne peut s'empêcher de rester là, muet, reconstituant la scène du 27 juillet : l'empereur soucieux, le prince impérial enchanté, les officiers confiants. On entend comme le halètement de la vapeur et le cliquetis des sabres.

— Je l'ai vu bien souvent là, Napoléon, nous dit un vieil ouvrier qui passe. Il venait fréquemment de ce côté, en voiture; tenez, par cette autre grille, lorsqu'il allait à la Fouilleuse, vous savez, sa ferme modèle?

La *Fouilleuse!* Il y a pour moi, dans ce seul nom, tout un monde de souvenirs. C'est là que, le 19 janvier on avait déposé quelques-uns des morts et des blessés de la bataille de Buzenval. Je revois encore ces grandes salles, écuries ou étables, où, à terre, râlaient quelques-uns de ces malheureux. Un grand garde national maigre et long, m'est resté, entre tous, présent à la pensée : blessé à mort, on lui avait, sur sa face broyée, jeté son mouchoir à carreaux. Là-dessous, il agonisait. Le soir du 19, un chirurgien disait en le montrant : — « Il n'en a plus que pour une heure ! »

Le soir du 20, le lendemain, il râlait encore.

Il mourait, coude à coude, avec le cadavre d'un soldat de la ligne qui, affolé, pris de peur ou de rage, avait, refusant d'aller au feu, tiré sur son capitaine, et que le général Carré de Bellemare avait fait fusiller sur l'heure, contre le mur de la Fouilleuse. Le visage convulsé, hideux, rabique, du forcené — on lui avait lié les mains derrière le dos pour le fusiller — contrastait avec les figures pâles, mais résolues, souriantes, comme heureuses du sacrifice offert au pays, des autres morts étendus à côté. Je n'ai pas oublié, dans sa capote de garde national, un vieillard — quatre-vingts ans peut-être — dont une balle allemande avait troué la chemise finement plissée. Ce devait être le vieux marquis de Coriolis d'Espinouse, qui avait marché à l'ennemi avec son fusil de chasse et devait mourir le même jour que le jeune Regnault.

Le marquis de Coriolis d'Espinouse était cousin de Victor Hugo. C'est à lui que le poète a adressé une des pièces les plus fameuses des *Contemplations :*

Marquis, je m'en souviens, vous veniez chez ma mère.
Vous me faisiez parfois réciter ma grammaire ;

Vous m'apportiez toujours quelque bonbon exquis
Et nous étions cousins quand on était marquis !

— La *Fouilleuse !* « Allons voir la *Fouilleuse !* » me dit, tout bas, une voix ; et, dans ma main, la canne de M. Michelet a comme des frémissements. Et, par le boulevard de Versailles, je vais à Montretout, tandis que le soir vient et que, peu à peu, le soleil disparaît derrière ces bois profonds qu'il vient d'échauffer.

Vers la montée de Montretout, une maison superbe porte, encastré à son fronton, comme un glorieux stigmate, un obus qui s'est logé là, dans les pierres, sans éclater. On ne l'appelle, dans le pays, que la *maison de l'obus*. Un homme bien vieux y habite, qui a connu plus de romans que Balzac et plus d'histoires étonnantes que Michelet. C'est M. de Foy, le fondateur de la maison de Foy, l'*Agence de Mariages*. L'obus venait peut-être d'un artilleur mal marié et mécontent.

Dès Montretout, les souvenirs de la bataille d'il y a seize ans vous reviennent bien vite, vous guettent, comme tapis de ces côtés et encore vivants. Les murs du parc de la maison Pozzo di Borgo sont toujours écrêtés et mouchetés de balles. Au coin du boulevard de Versailles et de la rue de

Montretout, un petit monument se dresse où je lis, avec des noms de soldats morts, ce mot : *Patrie* et cette inscription : *Passant, souviens-toi !* Un chapeau de feutre et une branche de houx sculptés dans la pierre nous avertissent que ce sont des francs-tireurs des Ternes qui sont tombés là.

Presque en face d'eux, toute parée encore des drapeaux du 14 Juillet, rit une guinguette avec cette enseigne : « *Au rendez-vous des familles ! Maréchal.* » L'antithèse serait complète si les corps des francs-tireurs reposaient là. Mais on les a transportés, tout près, dans le cimetière neuf, sur la hauteur, et, parmi les tombes, une pierre apparaît portant cette date : 19 *Janvier* 1871 et ces mots : *Morts pour la défense de la patrie.* Point de noms. Rien de plus. Il y a soixante-deux Français ensevelis là, côte à côte. A quelques mètres, derrière une grille noire, élevée selon la loi des sépultures militaires, reposent vingt-trois Allemands, sous des ifs bien taillés et sous des roses rouges.

Le Mont-Valérien domine, là-bas, ces côteaux et dresse dans le ciel ses bâtiments rectilignes, ses casernes.

Je marche et la canne de M. Michelet m'entraîne vers ce mur de Buzenval où nos efforts, nos derniers efforts, autrefois, se sont brisés. Je n'avais pas vu Buzenval depuis ces journées tragiques. Toute cette terre, boueuse alors, semée de cadavres, de débris de sacs, d'armes, de gourdes, de cartouches brûlées, était lugubre. Maintenant, elle sourit, le blé y pousse, doré du soleil ; il y a des plans d'asperges à l'endroit où j'ai vu passer Séveste mourant. On ne retrouverait plus la place où, près d'un chemin, on a mis dans la fosse ceux de nos soldats et de nos gardes nationaux qu'on n'avait pas eu le temps de transporter, dans les tapissières, à Rueil ou du Père-Lachaise. Cette place ? Elle est là. Mais la terre n'y enferme plus de cadavres. On y a planté des cassis dont les grains noirs, si on les pressait, me feraient l'effet de saigner du sang.

Et je suis le seul, peut-être, à penser à ce qui fut jadis. Le Mont-Valérien fait sa sieste paisible au-dessus des côteaux ensemencés, morcelés, jaunes ou verts, semblables à la carte d'échantillons d'un tailleur. La Fouilleuse n'est plus un dépôt de mourants : c'est un asile disciplinaire. Ces jeunes gens, qui, de blanc vêtus, travaillent aux champs, là-bas, y sont mis en surveillance. Maison de correction, la ferme-modèle de l'empereur !... Ses hôtes, vêtus comme des marins, le béret en tête, y manœuvrent au tambour et au clairon, vont à la messe à Rueil militairement et se régénèrent dans le grand air et le travail.

Ils peuvent, du bas du coteau de Buzenval, contempler le monument — assez laid — qu'on a élevé aux morts de 1871, obus ou pain de sucre chiffré à la romaine : « XIX Janvier » avec des guirlandes lourdes et incompréhensibles de fleurs ou de fruits, et, derrière ce monument, le mur, le fameux mur, le mur tragique, l'interminable mur qui enserre le parc, l'ourle d'un liseré de pierre coupé de traces blanches — une sorte d'encadrement mortuaire où, çà et là, on trouverait la trace des brèches faites par la dynamite de nos sapeurs.

Ce mur, lui, n'a pas changé. Il a été pourtant réparé, refait. On a rebâti le château détruit. On a remplacé les pierres, ce qui est plus facile que de remplacer les hommes, et Buzenval, l'hiver, lorsque ces masses d'arbres sont devenues chauves de leurs feuilles, doit retrouver son aspect funèbre de l'année terrible. Tel qu'il est, on le prendrait pour un mur de cimetière. Et c'est bien un cimetière, en effet. Je l'ai vu semé de cadavres. Carolus Duran et Grancey s'en souviennent, qui l'ont parcouru avec moi.

Sur ce terrain même — je revois la place, le trou de terre de brique au bord duquel je me suis arrêté... Le hasard a voulu que ce fût moi qui conclue, avec un aide de camp du prince royal de Prusse, une trêve de deux heures pour relever les blessés et enterrer les morts.

— Vos nouvelles troupes de ligne se sont fort bien, fort bien battues ! me dit l'aide de camp du prince qui, énumérant les propres qualités, nous fit observer que le prince royal de Prusse était « *prince impérial* depuis deux jours ».

Prince impérial ! La destinée répondait ainsi aux tristesses de M. Filon souhaitant à son élève que le sort ne le contraignît pas à révéler, un jour, le secret de ses angoisses.

J'avais d'ailleurs assez nettement répondu à l'aide de camp du prince impérial de Prusse :

— Ce que vous appelez nos nouvelles troupes de ligne, ce sont des boutiquiers, des épiciers, des bourgeois, des ouvriers — des gardes nationaux !

Et lui, alors fort poliment, correctement :

— Ah ! vraiment?... Ah ! vraiment?... Oh ! il y a de la ressource avec Paris ! J'aime Paris. Il n'y a rien au monde comme la Comédie-Française !

— Eh bien, vos obus en ont fait une ambulance !

La place même où, très élégamment, le sabre de l'officier allemand traînait, la voici. Mais toute cette terre a, depuis longtemps, bu les flaques rouges qui l'avaient arrosée. Une sorte de village, qui n'existait pas il y a quinze ans, s'est élevé sur ces pentes. Quelques maisons, dépendant encore de la commune de Rueil, et qui formeront quelque jour la commune de Buzenval. Logis d'ouvriers ou de cultivateurs. Et, au milieu, une sorte d'auberge ou de débit de vins, portant sans plus de façon cette enseigne pratique : *A la vue du Monument de Buzenval.* Puis, tout autour, des jardinets ont été plantés. Arbres à fruits, groseillers, framboisiers, dont ces maraîchers faisaient hier la récolte, tandis que, près de là, des enfants jouaient aux quilles, à l'endroit même où, le matin de janvier, les quilles furent, un moment, les bataillons de marche du colonel Langlois.

Ainsi, voilà donc tout ce qui reste d'un champ de bataille ! Peu de chose. Les moissons mûrissent, les avoines poussent, les seigles frissonnent sous le vent à l'endroit où sifflaient les obus et pleuvait le fer. Ces enfants qui jouent là n'étaient pas nés, ne savent rien de ces histoires. En allant vers la maison du Curé, où l'on se battit avec tant d'acharnement, je rencontre des briqueteries, des usines qui n'existaient pas alors. Une vie nouvelle a pris possession de ce champ de carnage, si paisible par ce crépuscule d'été. Et presque côte à côte, les morts enfouis en hâte au lendemain du combat reposent maintenant, Français et étrangers, sous des touffes de fleurs pareilles.

On ne rencontre plus, comme au lendemain de la guerre, des fosses prussiennes au bord des chemins. Ces soldats allemands dont la tombe bossuait la terre, à Ville d'Avray, au coin de la porte d'entrée du parc de Saint-Cloud, ont été transportés dans le cimetière et l'on a certainement enterré à leurs côtés les pièces de vers, écrites en langue germanique, que leurs compatriotes avaient accrochées auprès des couronnes mortuaires. La terre envahie a le même respect pour ceux qui l'ont défendue et pour ceux qui l'ont violée. Les Allemands peuvent crier que des écervelés ont, un jour de fête nationale, à Paris, déchiré les couleurs prussiennes : ils ne pourraient se plaindre qu'un de leurs morts n'ait pas été honoré.

En fait de drapeaux, du reste, il faudrait que les affolés du patriotisme méditassent une bonne fois les paroles du général Laveaucoupet, déposant à Trianon, devant le conseil de guerre qui jugeait Bazaine :

— On ne doit s'enorgueillir, en fait de trophées, que de ceux qu'on conquiert sur le champ de bataille ! On n'en a pas arraché un seul, de cette manière, à l'armée de Metz !

Et si les drapeaux qu'on obtient par capitulation manquent un peu de relief, que doit-on penser de ceux qu'une foule lacère sans avoir bravé un péril pour les conquérir ? Gaminerie nâvrante, absurde colère, et qui attristent, au fond du cœur, toute âme vraiment française.

Mais la nuit vient, elle va venir, du moins, et la canne de M. Michelet m'entraîne loin de ce mur sinistre, du parc funèbre qui appartenait, en 1870, au prince Murat, ce me semble, et appartient aujourd'hui au duc de Cadore.

C'est vers Saint-Cloud que je reviens, m'éloignant silencieusement de ce champ de bataille où les ramasseuses de framboises rient gaiement sous leurs mouchoirs à carreaux, éparpillées et courbées dans les framboisiers comme des vendangeuses dans les vignes mûres. Une sorte d'appétit de mort me pousse à entrer dans le vieux cimetière de Montretout qui faisait dire à Jules de Goncourt, au temps où notre ami Jules Levallois habitait en face :

— Levallois? Il est très gai. Quand on va le voir, il vous invite tout de suite à aller visiter la tombe de Senancour !

L'auteur d'*Obermann* est, en effet, enterré là, dans le cimetière abandonné, à quelques mètres de cette maison Zimmermann qu'habite Ch. Gounod et où M. de Lareinty fut fait prisonnier, le 20 janvier, avec trois cents mobiles nantais, dans le parc qu'il avait enlevé. Senancour ! l'auteur d'*Obermann !* Une gloire littéraire s'il en fût, au temps où la mélancolie spiritualiste de Chateaubriand régnait, en littérature, comme y domine aujourd'hui le pessimisme de Schopenhauër. Après avoir vu sur ces monuments funèbres du champ de bataille, où ne sont écrits aucuns noms, combien c'est peu de chose que la gloire du soldat, le tombeau de Senancour nous dira qu'elle ne dure guère non plus, la gloire littéraire !

Obermann ! Ce fut le livre aimé de toute une génération, le *vade mecum* de Musset et de George Sand, évoquant la pensée de Senancour parmi les roches de Fontainebleau. Et maintenant questionnez quelqu'un de ces nouveaux venus qui nous suivent et nous jugent : Obermann, René, Werther, Jacques Ortis, leur sont indifférents. Pis que cela : Senancour est oublié. Depuis que Levallois n'habite plus Montretout, personne ne s'est avisé de se demander si l'auteur d'*Obermann* est ou n'est pas enterré là.

Poussez la porte aux ais disjoints du vieux cimetière. Allez loin à travers les allées où l'herbe croît, envahissante, gourmande, avide, avec des appétits de dévorer à jamais les noms de ceux qui dorment là, que ce soit l'écuyer Loyal ou le brave poète Belmontet. La tombe de l'auteur d'*Obermann* est à demi cachée dans un coin, à gauche, et Senancour dort là de ce bon sommeil que n'ont pu troubler les obus du Mont-Valérien éclatant parfois sur ces tombeaux, aux heures de bombardement, et les fouillant de leurs dents de fonte.

Deux lierres qui vont rejoindre un sapin forment comme une parure à la pierre grise où se lisent ces mots :

E. P. DE SENANCOUR

NÉ EN 1772

MORT A SAINT-CLOUD LE 10 JANVIER 1846

« Éternité sois mon asyle ! »
Libres Méditations.

Pendant que nous regardons cette pierre qui couvre un homme autrefois applaudi, envié et imité par les plus grands — un homme qui a fait pleurer Musset — une vieille femme aimable, souriante sous son bonnet de linge blanc, s'approche. La gardienne du cimetière.

Et je veux savoir si, réfugié dans l'éternité, Senancour voit beaucoup de vivants visiter son « asyle ».

— Oh ! monsieur, personne, répond la bonne dame, personne. Autrefois la sœur de *Monsieur* de Senancour venait de Paris... elle habitait du coté de la Bastille... C'est elle qui a fait planter par mon mari ce sapin et ce lierre... Mais depuis qu'elle est morte, qui sait seulement que *nous avons* là *Monsieur* de Senancour ?

Et, en effet, qui s'inquièterait de cet *Obermann?* Senancour est passé de mode, comme cet admirable Chateaubriand, comme Grainville, l'auteur du *Dernier homme*, un des « chantres de l'ennui » ! Pas ennuyeux, certes, mais altérés, affamés, rongés d'ennui, ces mélancoliques dont le Maître, qui se promenait avec la canne où je m'appuie, n'aimait guère la désespérance, lui, le patriote altéré de vie, lui qui demandait un « asyle » non pas à l'éternité, mais à la lutte, au labeur, au continuel travail !

Non loin de Senancour, un homme dort dans le cimetière de Montretout, un homme plus humble que l'auteur des *Libres Méditations*, mais qui ne dut pas « bâiller sa vie » comme René ou Obermann. L'inscription mise sur la pierre de ce laborieux m'a ému profondément, même après cette visite aux coteaux de Buzenval. Lisez-la, vous qui, allant de Paris à Versailles, suivez le tunnel de Montretout sans vous douter que ces luttes contre le roc, ces batailles avec la matière, coûtent aussi des existences humaines, comme les combats pour la patrie.

Il y a tout un drame, simple, patient, puissant et profond dans la vie de dévouement de cet homme du peuple, qui repose, inconnu, sous une croix d'honneur sculptée au-dessus de son nom, et que, plus que tant d'autres, il avait mérité de porter.

JACQUES-MARIE GRIPON,

« Né à Marvais-ville, près Argentan (Orne), le « 17 décembre 1799. En 1816, simple ouvrier tail- « leur de pierres. En 1829, conducteur des ponts « et chaussées. En 1836, choisi pour conduire « l'exécution des soutènements des grands travaux « d'art et de terrassement des chemins de fer de « Saint-Germain et de Versailles (rive droite). En « 1839, décoré par le roi. Le 7 janvier 1840, il périt « comme un soldat au champ d'honneur, dans le « tunnel de Montretout, au moment où son œuvre « était achevée.

« Deux mille ouvriers, ayant à leur tête les admi- « nistrateurs, directeurs et ingénieurs des chemins « de fer, tous pleurant sa perte et partageant la dou-

« leur de sa veuve et de ses deux fils, l'ont accom-
« pagné jusqu'ici. Qu'il repose en paix ! »

Un soldat aussi, ce Jacques Gripon, l'inscription a raison. Un soldat, comme ces francs-tireurs à la branche de houx, tombés là tout près, dans le parc Pozzo di Borgo ; un soldat comme ces braves gens enterrés dans les cimetières voisins, après avoir expiré au coin des bois. La canne de M. Michelet avait raison de me pousser à visiter ces coins de terre.

Et, le jonc de M. Michelet à la main, je reviens, à travers le parc, — ce parc d'où l'empereur partait le 27 juillet, l'impératrice le 7 août et où les Prussiens entraient en septembre, si vite ! — ; et, toujours marchant, je m'arrête devant la gare que les Allemands ont brûlée. Ah ! cette gare si gaie, si bruyante aux jours de fêtes, avec ses bousculades et ses fanfares de mirlitons, la gare qu'on prenait d'assaut en riant, où l'on se battait pour un ticket, qu'est-elle devenue ? Les Allemands nous ont souvent reproché avec raison l'atroce incendie du Palatinat, des pays de Bade et de Trêves.

Je lisais hier dans Lemontey, qui n'est pas un farouche ennemi de la *Monarchie de Louis XIV*, cette phrase qui fait honneur à notre nation : « Les Français ont toujours exécré un attentat qu'Attila eût commis avec moins de sang-froid... Un monstre s'est trouvé parmi eux pour louer la Saint-Barthélemy, mais on attend celui qui excusera l'incendie du Palatinat. » Je ne cite pas Michelet; sa plume frémissait à ces souvenirs.

Et la gare de Saint-Cloud — la gare pleine autrefois de ces *Ohé! ohé!* qui sont comme les *évohés* modernes, des évohés traduits par Gavarni — la gare, après seize années, reste là comme une vivante page d'histoire, une page qui vaut bien Lemontey. Le petit bâtiment, comme le palais même, subsiste, brûlé, troué, laissant voir, à travers les baies de ses portes, des arbustes, des plantes, la végétation parasitaire des ruines. Une plante apparaît dans chaque pincée de terre végétale. Les fils du télégraphe pendent encore; les rampes de fer, les murs, comme revêtus des tons rouges des fresques pompéiennes, forment d'étranges contrastes de couleur avec l'herbe, les flaques d'eau conservées dans le bitume, ainsi qu'en des cuvettes, et où les oiseaux du ciel viennent boire. Un vernis du Japon a poussé dans les décombres, et le sureau, surgissant des ruines, jette son ombre sur cette destruction, tandis que, sur la voie déserte, les rails rouillés s'oxydent dans le gazon vert.

16 juillet 1870 — 16 juillet 1884. — Il semble que, de ce Saint-Cloud où Bonaparte jeta la représentation nationale par les fenêtres, une voix réponde, la voix funèbre des ruines, et que le sort ait voulu que, du palais où l'oncle entrait pour régner, le neveu partit, un jour, pour tomber et mourir... L'histoire rendrait fataliste.

La canne de M. Michelet s'agite et tremble comme si la maigre et nerveuse main du grand historien la tenait encore. Hélas! il n'est plus là pour écrire ce que la canne de jonc pourrait dicter!... La baguette évoque les fantômes, mais le magicien n'est plus vivant pour les faire vivre.

Et, las, attristé, m'appuyant toujours sur la canne du maître, je reviens par les champs, tandis que la nuit tombe.

Au loin, une rougeur s'allume. C'est Paris. Je l'ai contemplé de loin, à cette même place, le soir du 14 juillet. Des lueurs montaient dans la nuit, des fusées bleues qui se confondaient avec les étoiles. Des feux s'allumaient; des bouquets, des soleils. Et c'était comme un brasier joyeux, là-bas, cette ville en fête...

Aujourd'hui, tout y repose. Ce n'est plus à l'horizon qu'une buée rouge qu'on aperçoit — et je songe, en rentrant au logis, par les bois, au petit chemin de fer qui emporta César en sifflant, il y aura bientôt seize ans, aux morts oubliés des côteaux où le blé mûrit — et à cette date inoubliable : le 15 juillet, le 15 juillet où le gant fut jeté à l'Allemagne, où sonna le clairon des batailles, où M. Thiers criait : « Arrêtez-vous ! Pas de guerre ! Prenez garde !... » — et où le baron Jérôme David répondait : « Gardez vos leçons, nous les récusons !... »

On peut récuser l'historien, on ne récuse pas l'histoire.

Et qu'on me pardonne cette triste promenade buissonnière au pays du souvenir : ce n'est pas ma faute..., c'est celle de la canne de Michelet !

II

SOUVENIR DE LA JOURNÉE DU 2

SOUVENIR DE LA JOURNÉE DU 2

Certes, je voudrais oublier — la haine est un fardeau qui tue — mais comment ne pas me souvenir?

Canne de Michelet, évoque au contraire, évoque les tristesses et les deuils; — et que jamais nos fils n'oublient!

Il y a quinze années aujourd'hui, presque jour pour jour, par un matin de Septembre, comme celui qui rit dans les marronniers de nos jardins, tous les petits villages formant le cercle de cet entonnoir au fond duquel est Sedan étaient noirs de troupes et quelques-uns encore rouges d'incendie. On s'était battu furieusement la veille, et le soleil impassible se levait sur les ruines et sur les morts. Cadavres de chevaux sur les collines, cadavres d'hommes au long des bois d'Illy, fumées s'élevant de Bazeilles avec des odeurs de chair brûlée... L'aurore rose éclairait doucement toutes ces horreurs qui sont comme le rouge bain de pieds de la Gloire.

Des soldats allaient, venaient, poussaient les portes des maisons, vidaient les placards, buvaient les bouteilles. D'autres emportaient les blessés. D'autres encore enterraient les morts : — les Allemands, avant les Français, les vainqueurs ayant toujours le privilège de descendre dans la fosse ouverte avant les vaincus. On plantait alors sur la tombe fraîche une baïonnette, et sur elle, pour indiquer ceux qui reposaient là, des casques bouillis, posés les uns sur les autres. Autant de casques, autant de corps. Plus loin, dans un jardin encore empli de roses, un chirurgien, gravement, coupait des jambes sur une table posée en plein air, et le sang coulait sur le sable gris des allées. Enveloppés dans leurs burnous bleus et assis par terre, les mains sur les genoux, comme des momies péruviennes, des turcos regardaient cela, de leurs grands yeux blancs immobiles dans leurs faces noires.

On avait entassé violemment dans un hangar de Givonne des prisonniers que gardaient, en fumant leur pipe, de lourds colosses poméraniens silencieux. Le petit jour, en entrant par les fissures du hangar, éclairait là des faces livides, les unes écrasées de douleur ou de fatigue, les autres inquiètes, avec des prunelles effarées. C'était, dans une promiscuité de colères, de blessures ou d'effrois, de pauvres gens ramassés, çà et là, au hasard de la bataille, infirmiers louches, paysans soupçonnés d'avoir fait le coup de feu, francs-tireurs avec leurs casquettes de drap, mercantiles aux profils inquiétants, rôdeurs de campement, oiseaux de curée, Français ou Belges. Quelques-uns, des ouvriers drapiers, aux mains noires de poudre, étaient des héros, sachant qu'ils pouvaient être des martyrs; d'autres, aux yeux luisants, de simples détrousseurs de cadavres. L'état-major allemand ferait, tout à l'heure, le *tri* dans cette purée humaine.

Près de la porte, un homme jeune encore, trente ans peut-être, très blond, très pâle, avec des yeux doux et tristes, regardait, comme écrasé, à travers une fente du bois, la route où luisait le soleil et écoutait le bruit des talons des fantassins qui passaient et celui des fers des chevaux qui défilaient, hussards rouges, dragons bleus, cuirassiers blancs — un fleuve de fer. L'homme, vêtu d'une veste de drap usé, tête nue, avec des mains calleuses, avait l'air d'un artisan de village, quelque ouvrier rural. C'était en effet un menuisier du Fond de Givonne qu'on venait d'arrêter, à cent pas de là, et qu'on avait, par les épaules, jeté dans le tas des pauvres diables, — quelques-uns blessés, des linges au front ou aux jambes, — et qui restaient là, muets, attendant leur sort.

La veille, au moment où les Français, battant en retraite, disaient avec rage, une fois encore : « Voilà les Prussiens ! » l'homme, en hâte, mettant quelques hardes dans un drap de lit qu'il nouait rapidement et jetait à sa femme, avait dit : « Partons, partons vite ! » Il avait chargé sur ses épaules un matelas; et, la femme marchant devant, ils s'en étaient allés, rasant les haies, et s'arrêtant plus d'une fois pour souffler, du côté de la Belgique, qui n'est pas loin.

— Vois-tu, disait-il, nous gagnerons Bouillon comme ça, et, demain, après-demain, je ne sais pas quand, lorsque tout sera fixé, eh bien, nous reviendrons à la bicoque, et, si les quatre murs sont debout, nous tâcherons de nous remettre à l'ouvrage !

C'étaient de pauvres braves gens qui s'aimaient. Elle, blanchisseuse, lavant le linge dans la Meuse ;

lui, poussant le rabot, adroit, travaillant pour son compte, gagnant peu, mais glissant, à l'occasion, une pièce blanche dans la tirelire. On l'avait cassée d'ailleurs, la tirelire, un an auparavant, lorsque la petite Annette était morte, leur seul enfant, blonde comme le père, douce et pâle comme la mère, et qu'une mauvaise fièvre avait emportée le mois même de sa première communion. Ç'avait été un coup de couteau pour les parents. C'était toute leur joie, la petite. Qu'est-ce qu'ils deviendraient à présent sans elle? Et toutes leurs économies, — toutes — avaient passé dans le tombeau d'Annette, commandé à un tailleur de pierres de Sedan et coquet comme celui d'une petite riche, avec des fleurs, beaucoup de fleurs, toujours des fleurs, dans le petit cimetière du pays.

Ah ! cela leur était bien égal, ces tueries d'hommes à côté d'eux, quand ils pensaient à leur petite morte, et Joseph Plassan ne savait pas pourquoi il quittait sa maison pour s'enfuir, car il eût donné sa vie pour quatre sous! Ou plutôt, si, il le savait : c'était pour Jeanne, nerveuse depuis que la petite Annette n'était plus là, malade, secouée par des crises ou brisée par des songeries noires. Elle pouvait être tout à fait frappée par ces affreuses visions de soldats assommés ou coupés en deux, de blessures atroces et alors sa tête... sa pauvre tête...

C'est pour cela qu'il lui avait dit : « Partons ! »

Alors, pendant qu'au loin les balles sifflaient, qu'on entendait les explosions d'obus répondre aux grincements des mitrailleuses, ils avaient marché vers Bouillon, mais la nuit les avait surpris en route et, avec tant d'autres fuyards dont ils voyaient sortir des taillis les faces pâles, ils s'étaient arrangés pour attendre le jour dans le bois, Jeanne accroupie sur le matelas que Joseph traînait et enveloppée de châles, de linge qu'il tirait du drap noué pour lui mettre sur les épaules.

Et ils restaient là abrutis, presque sans penser — à côté d'autres pauvres gens haletants et éreintés comme du gibier poursuivi — tandis que des coups de feu isolés partaient dans la nuit et qu'on voyait, à travers les arbres, le ciel, au loin, devenir tout rouge, avec des taches plus claires çà et là et qui faisaient dire à des êtres qu'on apercevait à peine, dans le fond noir, pareils à des ombres : — « Ça, c'est Bazeilles qui brûle !... Ça, c'est sans doute La Chapelle !... Ça, ça doit être Montivilliers !... Ça, c'est La Moncelle !... Ça, c'est Givonne !... »

Ils avaient beau être écrasés, depuis qu'Annette les avait quittés et, quoique jeunes, prendre la vie comme une prison qui leur semblait bien dure maintenant qu'ils étaient seuls, ils ressentirent pourtant, au cœur, comme un étouffement lorsqu'ils entendirent crier : « C'est Givonne qui brûle ! »

Ainsi, leur petit logis, leur maisonnette à un seul étage, la maison de leurs fiançailles, la chambre où ils s'étaient unis, où la petite était née — le berceau, le berceau d'Annette, le nid de leurs amours et de leur enfant, tout brûlait !

— Ah ! mon Dieu dit tout à coup Jeanne qui bondit, droite sur le matelas où elle était accroupie, eh bien, et le portrait ?.. Le portrait de la petite !

Elle ne vit pas, dans la nuit, comme Joseph Plassan devint pâle.

Il se frappa le front violemment et jurant de colère :

— Imbécile ! Brute ! C'est vrai, dit-il, je l'ai oublié !... Ah ! stupide bête que je suis, nom de nom de nom de nom !

Et tout aussitôt, la voix brève, très résolu :

— Eh bien, voilà tout, dit-il. Ce n'est pas une affaire. Je vais le chercher !

C'était un petit portrait au daguerréotype qu'ils avaient fait faire, un dimanche, le dimanche qui avait suivi la première communion d'Annette, chez un photographe ambulant campé à Sedan, place

Turenne. Un daguerréotype de trente sous, encadré dans un carton à filets d'or et où Annette se tenait toute raide dans son costume de communiante, avec des gants de fil d'Ecosse qu'elle n'avait pas voulu ôter et qui faisaient des taches sur la plaque. « Quel dommage! disait parfois la mère. Elle qui avait de si jolies petites mains! »

De l'enfant morte, c'était tout ce qui leur restait d'un peu vivant, aux deux pauvres gens. Ils avaient mis le petit portrait au milieu de la couronne de fleurs d'oranger et du bouquet que portait Jeanne le jour du mariage; et portrait et couronne étaient là, au milieu de la chambre nuptiale, sous un globe de verre, avec un ruban de chenille rouge pour empêcher la poussière d'entrer. Ils le regardaient bien souvent, le daguerréotype où souriait Annette, ses bons petits yeux clairs pareils à deux étoiles sous les frisons de ses fins cheveux blonds — ces cheveux dont maintenant ils avaient collé, avec de la cire noire, une mèche d'or coupée sur la petite tête froide. Et quand ils le regardaient, il leur semblait que l'enfant leur souriait toujours, qu'elle était encore là, que sa bouche rose allait dire comme l'an dernier : « Bonjour, papa! Maman, bonjour! »

— Je vais le chercher, le portrait, répéta Plassan

d'un ton farouche. Faut-il être buse pour l'avoir oublié ! On devient fou, ma parole !

— Tu t'en vas ? Je vais avec toi ! dit la mère.

— Non, par exemple, non ! Tu as eu assez de peine à te traîner ! Et puis tu me gênerais. On se tire mieux d'affaire tout seul ! Reste !

Il l'embrassa au front, comme un enfant, et elle n'essaya pas de retenir cet homme qui allait, au hasard, dans cette nuit de sang, risquer sa vie. Elle trouvait tout simple qu'il se mît en route ainsi pour le rechercher, ce portrait qui était mieux que leur fortune, leur vie même. Certainement elle retournerait aussi à Givonne, si Joseph ne revenait pas.

— Ne pas revenir ? Comment veux-tu ? fit-il en haussant les épaules. A demain ! Et tâche de dormir !

Et c'était, à la lueur des incendies, par ces bois frais de rosée où, à chaque pas, il entendait craquer les branches écartées par les fuyards qui grouillaient sous la feuillée comme des fourmis, c'était en s'arrêtant de temps à autre, lorsqu'il percevait des pas invisibles ou lorsqu'il voyait se dresser, sur la route, quelque silhouette de uhlan, que Joseph Plassan s'était glissé jusqu'à Givonne, prenant les sentiers de traverse, les chemins creux, rasant les murailles, se cachant derrière les maisons écroulées, butant du pied parfois sur quelque chose de mou, qui était un mort étendu...

En prenant par les jardins, Joseph avait pu éviter d'autres rencontres plus dangereuses, celles des vivants. Lorsqu'il franchit le petit mur de son jardinet à lui, le jour se levait à peine et, dans la lueur pâle, le menuisier vint, sans bruit, pousser la fenêtre, à hauteur d'homme, qui s'ouvrait sur son carré de choux. Il regarda si quelqu'un n'était pas chez lui ; la maison, encore noire, était vide.

Et Joseph avait sauté dans la salle basse.

A tâtons, il devina qu'on avait pillé tout en bas. Des tessons sur le carreau, les armoires brisées, l'établi en miettes, les outils enlevés. Cette ruine, vaguement aperçue dans les demi-ténèbres, serra le cœur du pauvre homme. Mais bah ! pourvu qu'*ils* n'eussent pas touché au portrait et à la couronne, là-haut !

Comme Joseph allait monter, il se sentit frôler près de la jambe et entendit plaintif, comme affamé, un petit miaulement.

— Oh ! pauvre bête, dit-il.

C'était un chat, le chat qu'on avait apporté, un matin, tout petit, pour amuser Annette, et qui survivait à l'enfant, et qui seul était resté là, vivant, dans cette maison désertée et ce village mis à sac.

Joseph monta rapidement à la chambre et les miaulements du chat le suivaient sur l'escalier de bois. Le père eut un soulagement et une joie en apercevant — la fenêtre était sans volets — sur la cheminée, le bouquet de fleurs d'oranger et le daguerréotype d'Annette sous le verre auquel on n'avait pas touché ! Il souleva le cylindre, le posa près de lui sur une table et doucement, prit le portrait, s'approchant du jour, regardant un moment la communiante toute blanche qui semblait lui garder son bon petit sourire de toujours ! Quand il pensait qu'on aurait pu lui voler ça ! Et il mit violemment ses lèvres sur le verre du portrait, qui lui sembla glacé comme le front de l'enfant quand il l'avait embrassée pour la dernière fois. Puis, il baisa la mèche de cheveux et il lui semblait qu'il retrouvait sa petite.

Il le tenait à la main, ce portrait, et machinalement contemplait aussi maintenant la couronne blanche un peu fanée, la couronne qu'avait Jeanne ce jour de mai où ils étaient sortis de l'église, la main dans la main. Il revoyait la mère sous son voile de mariée, et cette couronne et ce brin de bouquet artificiel. Eh bien ! il le garderait aussi, ce souvenir d'amour, comme il voulait garder le souvenir de deuil, et, avec le portrait, il le rapporterait à Jeanne, là-bas, dans les bois de Bouillon.

Il détacha la couronne, la prit et l'emportait, descendant l'escalier en hâte, lorsqu'en bas il recula, des soldats prussiens entrant brusquement par la porte ouverte qui, d'un seul coup, emplit de jour la maison noire.

Joseph se tenait debout, n'osant ni avancer ni reculer et les soldats, apercevant cet homme livide, s'abattant sur lui, le poussèrent brusquement vers la muraille, l'un d'eux lui disant en français :

— Qu'est-ce que *fus* faites-là ?

— Moi ?... Rien... Je venais... Je voulais... je...

Plassan, blême comme un coquin pris en fraude, balbutiait des mots au hasard, ne trouvant pas la réponse juste, éprouvant cette sensation que des gens étaient chez lui qui n'y devaient pas être et qu'il tombait dans un guet-apens. Il entendait des cris qu'il comprenait à demi, ayant travaillé dans un atelier avec des ouvriers allemands : *Dieb ! Plünderer !* « Voleur ! pillard ! » On le prenait pour un détrousseur de morts, pour un corbeau de champ de bataille !

Il essaya de repousser les trois ou quatre grands gars qui le secouaient et, dans un effort, il y réussit, envoyant loin de lui deux des Allemands et disant alors aux autres :

— Je suis chez moi... Mais c'est chez moi ici !... C'est ma maison !

Et il montrait instinctivement, au bout de ses mains tendues, le portrait d'Annette et la couronne blanche, comme pour dire : « Vous voyez, vous voyez bien, voilà ce que je venais chercher... »

Alors, en apercevant ces fleurs fanées et ce morceau de verre, un des soldats, qui semblait un sous-officier, regarda Joseph en face et dit, l'air soupçonneux : « Quoi ?... Voyons ! » et, sans que le pauvre diable eût le temps de deviner le mouvement, l'Allemand arracha le portrait de la petite, croyant sans doute à quelque chose de précieux ou simplement voulant voir.

Le geste avait été si prompt que Joseph Plassan aperçut dans la main du soldat le portrait d'Annette sans qu'il se fût rendu compte qu'on le lui avait pris. Seulement, alors, il eut un mouvement de colère rouge : il ne vit qu'une chose — ces gros doigts velus de l'Allemand posés sur l'image, sur les cheveux de la petite morte ; — il poussa un cri de fou et, des pieds et des coudes secouant les soldats qui le tenaient encore, bondit sur le sous-officier, le saisit par le poignet et, tremblant de fureur, dit par deux fois :

— Rendez-moi ça ! Ne touchez pas à ça ! Rendez-moi ce portrait !... Je le veux, ce portrait !... N'y touchez pas !

— A-t-on *chamais* vu ! fit le Prussien.

Et il se dégagea de l'étreinte de Plassan, levant le portrait en l'air pour empêcher Joseph de l'atteindre.

— C'est à moi !..... C'est à moi !..... Je te dis que tu me le rendras ! répétait le père, et il avait envie de mordre ce bras qui tenait ainsi le portrait de sa fille.

L'Allemand haussa les épaules, jeta le petit cadre sur le carreau de la salle, posa dessus son talon plein de boue et dit à Plassan :

— Tiens, ramasse-le !

Et, d'un coup, riant un peu, il écrasa le verre.

Alors, oh ! alors, Joseph Plassan n'eut d'autre sensation que celle de la bête à qui l'on vole son petit : il poussa un rugissement de fauve, souffleta d'abord avec la couronne d'oranger — comme si la mère aussi voulait frapper — le colosse qui ricanait, là, devant lui ; puis, sautant d'un bond, il le prit à la gorge et lui enfonça les ongles dans le cou, sous sa barbe rousse.

Au même moment l'ouvrier se sentait tiré par les épaules, repoussé en arrière, frappé dans le dos et les jambes ; on lui arrachait des mains l'Allemand et les soldats l'entraînaient dans la rue, tandis qu'il se débattait et ne voyait qu'une chose, là-bas, à terre, les fragments de la plaque de verre, les petits cheveux maculés de fange, les débris du portrait d'Annette broyé sous le talon du Prussien.

Ce qui s'était passé ensuite, Joseph Plassan n'aurait pu le dire. On l'avait traîné par le village, porté et poussé jusqu'au hangar et on l'avait jeté là, à coups de crosse, avec les autres prisonniers, dans le tas. Les soldats qui l'avaient amené étaient restés sur le seuil, et, à travers les fentes de la porte, devant lui, dans le soleil qui se levait, Joseph apercevait, aux mains d'un de ces hommes, la couronne de fleurs d'oranger de Jeanne que l'Allemand avait ramassée et qu'il faisait tourner autour de ses doigts, comme un jongleur. C'était insultant et triste, oui, mais moins navrant que le portrait brisé, sali par le soulier taché de terre. Il semblait à Joseph que c'était dans la chair même de la petite que le talon se fût enfoncé et que la morte en avait dû souffrir. Quand la mère le verrait revenir et lui demanderait : « Eh bien ! et le portrait ?... » qu'est-ce qu'il répondrait maintenant ?

Ce qu'il répondrait ? Rien. Il n'avait pas à répondre. Il ne reverrait pas Jeanne de sitôt. Tant mieux ! Il reverrait plus vite Annette.

Et, comme un maniaque, dans un coin, il remâchait, hébété, les mêmes mots, avec un sourire :

— Oui, à bientôt, à bientôt, à bientôt, ma pauvre petite !

Il ne savait pas s'il y avait d'autres prisonniers avec lui. Il ne leur parlait point ; il restait là, accroupi, et, quand par la porte du hangar un flot de soleil entra et qu'il vit des fusils et des casques à pointe, il se leva et dit : « Tant mieux ! »

On le mit entre des soldats, avec d'autres, et, par files, on les conduisit du côté de Bazeilles. En chemin, Joseph Plassan entendit encore miauler, tout près de lui. C'était le chat de la maison déserte de Givonne qui l'avait suivi jusqu'au hangar et voulait le suivre encore... « Ça ne le mènera pas bien loin ! » pensait Joseph. Un soldat — celui qui tenait la couronne d'oranger et l'avait passée autour de son fusil, comme un lauréat passe à son bras sa couronne de distribution de prix — donna au chat un coup de crosse.

— Imbécile ! songea Plassan.

Le cortège arrivait près d'une auberge blanche tapissée de vigne grimpante où se balançait une enseigne au bout d'une tringle : *Au Souvenir de Solférino*. Devant la porte, prenant leur café ou buvant du kummel, des officiers allemands étaient assis, gantés de blanc et fumant des cigares dans de longs bouts d'ambre. Tous corrects, sanglés, étincelants, semblaient astiqués comme pour une revue. Joseph regarda ces uniformes verts, bleu de ciel ou rouges avec des torsades qui brillaient. On amenait devant eux les pauvres diables tremblants que l'on traînait avec Plassan, et qui, la plupart, balbutiaient, suppliaient, montraient leurs mains; puis on les mettait plus loin, en un autre tas, avec des francs-tireurs à mines résolues qui se mordaient la moustache, l'air farouche. Et Joseph regardait toujours sans se donner la peine de comprendre. Son tour vint. On le poussa vers la table verte où se tenait, allongé sur sa chaise comme en un *rocking-chair*, et dévisageant le tas de prisonniers à travers un monocle, un beau jeune homme blond, un hussard, qui dit à Plassan, avec un petit accent berlinois à pointe gasconne :

— Eh bien ! voyons, vous êtes un espion, vous, n'est-ce pas ?...

A ce nom, qui le souffletait comme une injure, l'artisan instinctivement se redressa et dit fermement en regardant l'autre dans les yeux :

— Non ! je ne suis pas un espion !

Il lui semblait que, brusquement, quelque chose se réveillait en lui et — moins pour disputer sa vie que pour apprendre qui il était à ce jeune homme — Joseph Plassan contait, les paroles lui montant aux lèvres en flots rapides, ce qu'il avait fait cette nuit-là, et comment il avait fui et pourquoi il était revenu et que c'était — voilà tout — pour retrouver le portrait de sa petite qu'on avait brisé lâchement...

— Non, non, non !... je ne suis pas un espion !... Ni un espion, ni un soldat !... Je ne suis rien !... Je n'ai même pas fait mon devoir de Français, tenez ! J'aurais dû ramasser le fusil d'un mort comme l'ont fait ceux que vous venez d'interroger et tâcher d'en *descendre* un des vôtres puisque vous étiez venus chez nous, vous ! Je n'ai rien fait de tout ça ! Rien !...

Le sous-officier s'avança et, froidement, saluant l'officier, montra sur son cou blanc et gras la trace des ongles de Plassan.

— Voilà ce qu'il a fait ! dit-il.

Plassan se mit à rire, nerveusement, hochant la tête :

— Ce n'est rien, que je vous dis ! J'aurais voulu l'étrangler ! Ah ! bien, oui ! Je n'ai même pas su défendre le portrait de ma morte puisqu'on me l'a broyé, et la couronne de ma femme puisqu'on me l'a volée, vous le voyez bien !

Et sa main, qui ne tremblait pas si ses lèvres frémissaient, montrait les fleurs poudreuses et blanches cravatant la baïonnette du soldat allemand.

L'officier blond dit doucement en lorgnant la couronne :

— C'est à vous, cela ?

— Oui, monsieur, c'est à moi !

— Vous tiendriez à le ravoir?

— Oui, dit encore Joseph étonné, je n'ai plus que ça pour me souvenir !

L'officier fit un signe au soldat :

— Rends-lui sa couronne !.. dit-il en allemand.

Les mains de Joseph Plassan se tendirent vers les fleurs fanées et, quand ses doigts touchèrent la couronne, il lui sembla que c'étaient les cheveux blonds de Jeanne et le front d'Annette qu'il caressait encore.

Il jeta un coup d'œil profond, apaisé, très doux à l'officier.

L'officier à présent jouait avec le fil de son monocle et, désignant l'ouvrier, puis montrant le tas des francs-tireurs et des paysans mis à part, tout près d'un mur :

— Maintenant, fusillez-le.... fusillez tout ça ! dit-il — en français cette fois.

Au loin, des cuivres allemands jouaient gaiement les *Pompiers de Nanterre.*

III

POMPIERS ET GARDES NATIONAUX

POMPIERS ET GARDES NATIONAUX

Le poète Manzoni a dédié un de ses poèmes à « l'illustre mémoire de Théodore Kœrner, poète « et soldat de l'indépendance germanique, mort « sur le champ de bataille de Leipzig, le 18 « octobre 1813, *nom cher à tous les peuples qui com-* « *battent pour défendre et reconquérir une patrie.* » C'est quelque chose, en effet, que le nom d'un martyr. C'est la légende vengeresse qui prépare, pour l'avenir, les réparations de l'histoire. C'est le grain semé dans le champ labouré par l'obus et qui germe, fécond, aux jours de la revanche. Il en est de ces morts tombés pour leur pays comme des aïeux dont la noble image et la vie glorieuse forcent les petits-fils à demeurer debout et fiers.

Chaque fois qu'on prononce leur nom, il semble que la patrie murmure à l'oreille de chacun de ses fils un énergique : *Souviens-toi !*

Hélas ! le spectre de Kœrner marchait, comme ce comte mort de la légende espagnole, dans les rangs allemands et combattait contre nous à l'état de fantôme ! Son trépas communiquait une fiévreuse rage à ces Germains qui le voulaient venger. Eh bien ! à cette heure, aujourd'hui que nous sommes condamnés à nous viriliser ou à mourir, ayons donc, nous aussi, nos Kœrner gaulois, et gardons leur mémoire !

Vivants ou morts, ces héros ont bien mérité de la patrie, et c'est pour honorer ceux qui ont survécu et pour célébrer ceux qui ont succombé que j'ai écrit ces quelques pages, trop courtes, et qui ne rappellent pas tous les dévoûments auxquels j'eusse voulu rendre hommage.

Que les vivants soient donc glorifiés, — et quant aux morts, de leurs os naîtra sans doute, plus tard, car la France n'est pas morte, ce vengeur qu'appelait le Romain mourant : *Nostris ex ossibus nascitur ultor !*

Continuons donc à chercher des souvenirs glorieux ou amers dans le passé, la canne de M. Michelet à la main.

J'en sais beaucoup d'héroïsmes inconnus qui voudraient s'être solennellement glorifiés. Je connais un malheureux qui, depuis quinze ans, vit avec les jambes et les pieds coupés. C'est en s'échappant des prisons d'Allemagne, en passant la nuit dans les roseaux d'un étang, l'hiver, qu'il a contracté l'horrible mal dont il mourra — et maire de son village il apprend à lire aux enfants et leur enseigne la patrie. Je sais un sergent des voltigeurs de la garde, le *père aux enfants de troupe*, qui a fait, en Allemagne, le catéchisme aux petits prisonniers et les a guidés, captifs, à la première communion. Le troupier devenait prêtre. Il avait le dévouement et la foi. Je sais un turco condamné à mort pour avoir, étant prisonnier, souffleté un officier allemand qui parlait mal de la France et ce pauvre diable d'algérien, un Arabe, est mort fusillé en se redressant fièrement, disant aux Prussiens :

— Vous allez voir comment meurt un Français !

Un Français ! pauvre enfant de là-bas, qu'on a attendu bien longtemps, peut-être sous la tente, le soir, au désert.

Je causais un jour avec un homme de beaucoup d'esprit, et puisqu'il fait métier de débiter ses articles, je lui demandais ce qu'il entendait par le mot *esprit :*

— Il y a esprit et esprit, me dit-il, comme il y a fagot et fagot. Il y a l'esprit vrai, sincère, point frelaté, absolu, le véritable esprit, ailé comme une guêpe, piquant comme elle, alerte, rapide, et se jouant, à travers les atomes, dans un gai rayon de soleil. Il y a l'esprit de hasard, de rencontre, l'esprit de mots, l'esprit de charge fait de drôleries bizarres ou de plaisanteries paradoxales. Celui-ci est le bâtard de celui-là ! On les juge d'ailleurs, l'un et l'autre, selon le temps qu'ils durent. L'esprit de mode, le faux esprit dure dix ans, cinq ans, deux ans, quelquefois moins. L'autre dure toujours. Ce dernier esprit, qui est le premier, est l'esprit de France sans mélange, pétillant et clair, capiteux comme le champagne, généreux comme le bourgogne, l'esprit de Voltaire qui sourit ou de Piron qui gouaille. L'autre, à vrai dire, n'est que de la piquette, et on le tire (par les cheveux) du fond du tonneau. Pour les caractériser d'un mot, le premier est l'*esprit*, ce qui dit tout; l'autre c'est la *blague*, quelque chose d'innommé, de déhanché et de débraillé qui sent à la fois le ruisseau et le cabaret : — une enfant perdue de la gaîté, une créature de la balle et de la halle, une fille en belle humeur, mais qui a mal tourné. »

Je n'ai pas oublié cette définition, et je trouve, à

mon sens, qu'elle donne bien la mesure de ce que deviendrait une nation qui se vautrerait uniquement dans la plaisanterie absurde et le plaisir.

Nous avons toujours vécu, nous autres Français, dans la contemplation admirative de nous-mêmes. Il y a, dans la fable, l'histoire d'un certain Narcisse qui est la nôtre. Nous passons notre vie à nous mirer dans nos propres institutions et à nous aduler dans nos propres mérites. Nous avions une centralisation « *que l'Europe nous envie* », un pouvoir fort, « *capable de dicter sa volonté au monde* »; nous étions, en outre, « *le peuple le plus spirituel de l'univers* », et nous ajoutions volontiers « *le peuple le plus aimé de la terre* ».

Cette fatuité d'ailleurs, nous allait bien; elle partait d'un bon naturel. Aimer à être aimé n'est pas un crime, et cela prouve qu'on n'a soi-même point de haine et qu'on n'en veut à personne. Les durs événements qui pèsent encore comme une angoisse sur nos poitrines nous auront démontré, ce qui n'est pas un mal, qu'il faut savoir haïr vigoureusement, garder au cœur une rancune virile et ne point prodiguer ses effusions sans arrière-pensée à tant de gens sans reconnaissance. A ce compte, la lourde expérience de nos malheurs nous rendra, avec le temps, un grand service, et je souhaite qu'à un moment donné on détourne le proverbe de son sens ancien et qu'on prouve à quelques-uns que « qui *hait* bien châtie bien. »

Nous n'en sommes point là ! Oublions ces futurs contingents, et demeurons dans la réalité. Le réel, c'est qu'il faut s'amender et ne point retomber dans les boueuses ornières d'autrefois. Dieu nous garde des puritains et des visages renfrognés. La France aime à rire et veut rire. Elle est de cette race du héros grec auquel on fit cette épitaphe : « *Il rit et mourut,* » — avec cette différence qu'on peut dire d'elle : « *Elle rit et vécut, et vivra.* » La veine ardente du génie français se retrouve, au contraire, en ses rieurs, mais en ceux qui cherchent l'inspiration de leur gaîté dans le vif même de notre nature gauloise, sur les côteaux du Médoc, comme Montaigne; dans les sentiers printaniers et verts de Meudon, comme Rabelais ; dans le vent frondeur des rues de Paris, comme Molière.

Quant aux autres, tortionnaires de l'esprit, diseurs de riens, forgeurs de calembredaines, ciseleurs de fadaises, perroquets de « cascades » ou de « blagues », ceux-là traitent l'esprit français comme les barbares traitaient la légalité.

Ah ! qui nous guérira de la *blague* écœurante et

de l'éternelle parodie ! Parodions, parodions, c'est le mot éternel d'un temps qui veut, à tout prix, railler toutes choses.

Quand ils ont tant d'esprit, les peuples vivent peu.

Mais voilà bien ce que je nie. La blague n'est pas de l'esprit, et si elle est sa parente, elle l'est comme Caïn était le frère d'Abel.

Le matin de Forbach, lorsque les premiers coups de feu furent tirés, dans ce moment solennel où les plus braves deviennent pâles et serrent nerveusement le canon de leur fusil ou la poignée de leur sabre, un capitaine, que j'entends encore, se retourna vers sa compagnie, et d'un ton bref :

— Allons, dit-il, il ne s'agit plus de *blaguer !*

Le mot de l'officier était, sans qu'il s'en doutât, le mot d'ordre de l'avenir. C'est en de pareils moments, loin des siens et près du danger, à deux pas de la mort, qu'on juge sainement les choses et qu'on jauge à leur valeur les joies humaines. Rien ne reste debout, à cette heure, dans l'âme, que tout ce qu'on *blague* d'ordinaire : l'attachement au devoir, l'âpre amour de la patrie, le dévoûment au drapeau, le souvenir d'un enfant, d'une femme, d'un père, d'une mère.

Alors, ô parodistes, à quoi sert de railler tout cela ?

Que n'a-t-on pas dit, sans aller bien loin, des *pompiers*, des « beaux pompiers » de Nanterre ou d'ailleurs, des humbles et braves gens qui ont, eux aussi, leur devoir à faire et qui le font, silencieux, résolus, grotesques au dehors souvent, parfois sublimes au dedans? Et la chanson les siffle, et le refrain les soufflette, et on en rit, et on les *blague! Les beaux militaires que ces pompiers-là!* Mais ils ont éteint le feu, tel jour, en tel endroit, la nuit, dans la campagne. Qu'importe! Laissez-nous rire!

Quand les beaux pompiers
Vont à l'exercice...

Eh bien, oui, leur solennité semble parfois comique ; leur casque glisse doucement sur leur oreille rouge au lobe de laquelle scintille comiquement, comme au nez d'un sauvage, une boucle d'or; ils se redressent avec une fierté singulière; ils tiennent orgueilleusement leur fusil à piston comme ils tiendraient un cierge. Riez, si le rire vous plaît; moi, je ne puis les voir sans songer à un des souvenirs les plus poignants que j'aie conservés de ces dernières années.

Et, — j'ai peut-être l'esprit funèbre, — mais quoi ! les pompiers de Nanterre me font songer au pompier de La Chapelle.

C'était à Sedan, le 2 septembre 1870, le jour même du *Souvenir* que, tout à l'heure, j'ai conté. Depuis la veille, le champ de bataille appartenait aux vainqueurs. Des Prussiens allumaient des feux de joie et, sur des airs de Wagner, célébraient bruyamment leur triomphe. Des colonnes de prisonniers français, furieux, la mort dans l'âme, maudissant celui qui s'était rendu, passaient, conduites par des uhlans, le mousqueton ou le pistolet au poing. Les morts, encore couchés sur les collines, bossuaient le terrain, çà et là. Que de cadavres!

Les ambulanciers prussiens, noirs comme des corbeaux, passaient, relevaient les blessés, et les terrassiers creusaient les fosses. Spectacle inoubliable ! A chaque pas nous rencontrions un mort, des soldats, martyrs de la bataille, couchés à terre, à côté de leurs armes brisées ou du sac de provisions qu'ils emportaient, ou des lettres éparses de leur famille. Pauvres gens morts pour la patrie !

Et nous suivions ce champ sinistre, ces routes encombrées de canons prussiens, de convois, de chariots, toujours poursuivis par les cuivres de Wagner auxquels se mêlaient maintenant les *hurrahs* saluant Bismarck et le roi Guillaume. Nous avions laissé derrière nous Givonne, et, montant vers la frontière belge, nous atteignions le petit village de La Chapelle, où la bataille avait fini de ce côté. Village coquet, plein de logis de tisserands, avec une auberge où déjeunait l'état-major du prince Albrecht, et une église trouée d'obus, au clocher criblé de balles, où des francs-tireurs de Lafont-Mocquart s'étaient postés pour tirer leurs derniers coups.

Or, en suivant cette petite rue du village ardennais, tout à coup, au milieu de la voie, là, étendu sur le dos, avec une balle au front, voilà que j'aperçus, raide et froid, le cadavre d'un homme revêtu de l'habit à plastron de velours des pompiers de campagne. C'était un pauvre vieux, maigre et ridé, rasé de frais d'ailleurs, et qui tenait encore, dans ses deux mains roidies, son mauvais fusil couché sur ses cuisses. Son casque jaune et poli était tombé au moment où l'homme avait été touché; il tenait encore pourtant à la tête et laissait apercevoir les mèches grises et rares du paysan et le dessous de la visière.

Le pompier avait les yeux grands ouverts, fixes, glauques, et sa bouche se relevait doucement sous un sourire satisfait, le sourire de ceux qui sont contents d'eux-mêmes. Il y avait, au-dessus du nez, droit au milieu du front, un trou noir où l'on eût mis deux doigts, et un filet de sang avait coulé à droite, le long de la joue, allant se perdre dans le collet orné d'une grenade rouge. Une des épaulettes de laine du pompier, l'épaulette gauche, s'était détachée, et on la voyait à deux pas de là. Des gros souliers ferrés, noués de cordons de cuir, sortaient du pantalon à raies du pauvre homme, dont on apercevait aussi les bas bleus.

Ce malheureux semblait dormir, ou plutôt on l'eût pris, comme tous les morts, pour une figure de cire.

C'était un paysan, un pauvre vieux paysan du village, un tisseur de drap ou un maraîcher. Il avait un fusil au logis, son fusil de pompier, son fusil de parade, celui qu'il mettait sur son épaule le dimanche pour l'exercice ou, dans les grands jours, lorsqu'on escortait l'écharpe du maire, lorsqu'on fêtait le souverain. La dernière fois, on l'avait fourbi pour célébrer le plébiscite de la paix. Pauvre diable !

Il devait vivre heureux ainsi, dans sa petite maison blanche, à dix pas de ces bois verdoyants de l'Ardenne ; il avait des enfants sans doute, des filles mariées ou des gars établis. Il se disait : « Je mourrai content un jour d'été, dans mon fauteuil, en prenant le soleil. » Et voilà qu'on lui annonce, un matin, que les Allemands accourent. On les avait comptés : ils étaient cent, et deux cents, et trois cent mille. Et l'armée de Châlons allait disputer à l'ennemi la terre de France.

Alors le pompier n'hésita pas. Il prit son fusil, son ridicule fusil des dimanches, et glissant une cartouche dans le canon, il attendit. Il attendit le premier coup de feu tiré dans le village, et quand le combat fut engagé, il sortit du logis, casque en tête, plastron de velours sur la poitrine, et le fusil armé.

Dzim laï la
Dzim laï la
Le beau militaire !

Et le bonhomme choisit, auprès de sa porte, un coin dans la barricade élevée par les francs-tireurs. Et, au moment où les obus pleuvaient sur l'armée, où les cuirassiers chargeaient une dernière fois vers le calvaire d'Illy, où les fantassins de la marine disputaient Bazeilles pierre à pierre, au moment où d'autres faisaient hisser sur la citadelle le drapeau de la capitulation, à cette heure où la fortune de la France semblait s'abîmer avec son honneur, lui, le paysan, l'humble journalier, le pauvre pompier de La Chapelle, faisait feu héroïquement, froidement, obstinément, sur les fusiliers noirs et sur les hussards rouges.

Puis, quand l'artillerie prussienne eut battu, eut comme égrené la barricade; quand les francs-tireurs se retirèrent sur les bois de Belgique, le pompier, qui les avait suivis un moment, s'arrêta tout à coup et revint sur ses pas. Il regarda une dernière fois son village qui brûlait, cette grande rue où couraient maintenant, en hurlant, les Poméraniens; et, se sentant pris d'une sourde rage, il se planta droit au milieu, épaula son fusil et fit feu. Encore. Toujours.

Une décharge lui répondit. Le pompier tomba sans rien dire, le front troué, mais le sourire aux lèvres.

Laissez à d'autres le soin des railleries! Ne nous narguons pas nous-mêmes. Ce cadavre de paysan, rencontré parmi les milliers de cadavres de soldats, je le vois et le revois encore. Humble héros inconnu ! Martyr anonyme ! Esclave oublié du devoir ! Quels lendemains aux parodies incessantes !

Et comme je contemplais ce visage muet, ces traits tannés et sans grâce, cette figure banale de paysan, illuminée cependant comme par le reflet d'une gloire, tout à coup, j'entendis à travers les bois et comme porté sur un air chargé d'odeur de tuerie, j'entendis un refrain qui me fit tressaillir, crisper le poing, et que jouaient les musiques allemandes.

C'étaient encore — et toujours — les Bavarois qui jouaient allègrement, entre deux airs de Lohengrin, l'éternel refrain railleur, celui qui avait souligné la fusillade de Joseph Plassan : le refrain des Pompiers, les *Pompiers de Nanterre!..*

Et d'autres sont morts comme le pompier de La Chapelle qui étaient de bon bourgeois et d'humbles pékins.

Un certain nombre d'anciens commandants et d'ex-officiers de la garde nationale protestèrent, un jour, contre la déposition du général Ducrot devant la commission du 4 septembre. Le général n'était pas tendre pour la garde nationale, je et l'on peut dire que s'il fut toujours un intrépide soldat, il était devenu, ce jour là, un historien sans mémoire.

Pauvres gardes nationaux ! Je ne puis m'empêcher de les plaindre. Ils ont fait de leur mieux leur devoir ; la plupart, sans fanfaronnade aucune, étaient prêts, au début du siège de Paris, à donner leur vie pour la patrie, et lorsqu'on leur confia un fusil, il leur sembla que les Prussiens allaient apprendre enfin ce que c'est que la guerre. Ils étaient naïfs et résolus. Ils se rendaient à l'exercice avec une exactitude prodigieuse et, à l'école de peloton et de bataillon, graves, attentifs, se modelant sur leur instructeur, on eût dit qu'ils portaient, non plus César, mais la France et sa fortune.

Et ils portaient, en effet, cela; et durant les longs mois de blocus, ils étaient bien persuadés que les Allemands n'en seraient pas quittes pour la rive gauche du Rhin. Leur confiance fut admirable ou ridicule; ridicule pour les *francs-fileurs* qui ont suivi la campagne au fond d'un casino de Trouville ou d'un restaurant de Bruxelles; admirable pour ceux qui virent de près cette bonne volonté et ce désir de sacrifice du plus grand nombre.

La Commune a, depuis, permis aux intéressés de confondre les soldats de Dombrowski avec ceux de Brancion, de Langlois ou de Rochebrune; elle a jeté quelque discrédit sur le nom de *garde nationale*, et ceux qui pensent comme le général Ducrot, ont trouvé là l'occasion cherchée pour railler comme il faut les *pékins* qui se mêlent de défendre la patrie.

De telles polémiques sont douloureuses et ne mènent à rien qu'à nous discréditer davantage aux yeux de l'ennemi. Eh quoi! en sommes-nous donc déjà venus à parquer d'un côté ceux qui portent tel uniforme, et d'un autre ceux qui en portent tel autre? Soldats ou mobiles, grognards ou gardes nationaux ne sont-ils donc point tous des Français?

Et essayer de démonétiser les uns, n'est-ce pas, du même coup, frapper les autres au visage ?

Cette race de France qui fut si généreuse, si ardente, si téméraire, éprise de gloire et non de butin, aimant la liberté pour elle et pour les autres, dévouée à toute grandeur, fidèle à toute beauté, chevaleresque et folle, capricieuse mais charmante, cette race se modifierait-elle selon la couleur du képi qu'elle porte et la coupe de la capote qu'elle endosse ?

Et ne serait-il pas mieux de reconnaître que, dans cette triste et terrible guerre, si tous ont été malheureux, tous du moins, ou presque tous, ont voulu faire leur devoir ?

On était moins injuste au moment où l'armée, trop peu nombreuse pour résister à l'invasion, était, un peu trop rapidement, renforcée par cette foule équipée en hâte et même non équipée, qui s'appelait la *mobile*, et par cette autre qui se nommait la *garde nationale.*

Pour exciter le courage des gardes nationaux, on recherchait les vieilles proclamations de Napoléon Ier qui voulait, en 1814, confier la défense de Paris aux faubouriens, improvisés soldats du faubourg Saint-Antoine. Et quelles proclamations caressantes et louangeuses ! C'était à la garde nationale de défendre l'honneur, de défendre le cœur de Paris, de disputer la capitale à l'ennemi! Les *infâmes* gardes nationaux n'étaient encore qu'*héroïques*, puisqu'on avait besoin d'eux.

Je ne dissimule pas que le bourgeois, sacré soldat du matin au soir, a bien des défauts et paraît parfois agaçant et comique. Il fait du *patrouillotisme*, comme disait Camille Desmoulins. Mais, en somme, il se prend et surtout, au moment du siège, il s'était pris au sérieux. Il ne faudrait pas oublier ses nuits aux remparts, ses stations aux tranchées et ses élans aux jours de bataille.

Braves gens, en somme! On les voyait défiler, gras où maigres, petits ou grands, vieux ou jeunes, marquant le pas d'un air décidé, les guidons déployés; et, quand ils *sortaient*, derrière eux marchait la voiture d'ambulance du bataillon, ambulance équipée aux frais de chacun, comme s'ils voulaient au moins être certains d'avoir une civière propre et un coin de planche pour rentrer à Paris, étendus sous la bâche rayée d'une croix rouge.

M. le général Ducrot pouvait en 1871 accuser les régiments de Paris : ils n'étaient pas, un an avant, si pitoyables. Au surplus, sur ce point, comme sur tant d'autres, il suffit d'interroger les sentiments de l'ennemi.

C'est M. de Bismarck lui-même qui, du haut de la tribune du Reichstag, à propos des récompenses aux soldats allemands, a prononcé ces paroles que notre armée a oubliées peut-être, mais qu'elle sera fière d'entendre tomber d'une telle bouche :

« Les soldats allemands ont été courageux, mais ce n'est point pour cette vertu que je les honore. *Les soldats français, eux aussi, ont été courageux et aussi courageux que personne ;* ce qui leur a manqué, ce sont des généraux et *surtout un souverain, chef militaire,* qui eussent le sentiment de la responsabilité et du devoir. »

Si je ne me trompe, ces paroles datent de 1871 (*Discours sur le Traité de Francfort*).

Mais, avant d'avoir rendu publiquement cet hommage à notre armée, le dur et ironique homme d'État avait déjà dit ce qu'il pensait, au lendemain de Buzenval, de la conduite des gardes nationaux.

C'était pendant les douloureuses entrevues à propos de l'armistice.

M. Jules Favre parlait des gardes nationaux.

— Ce sont de braves gens, dit M. de Bismarck. Ils n'ont qu'un défaut, celui d'être trop enchantés d'aller au feu. Pendant la nuit qui précéda la bataille, ils étaient si contents d'eux-mêmes, qu'ils chantèrent toute la nuit. Ils jouaient même du clairon. Ils étaient si heureux d'aller combattre, qu'ils nous avertissaient complaisamment de leur arrivée. Mais, pour être très bruyants, ils n'en sont pas moins très crânes.

Il faut retenir ce jugement de M. de Bismarck.

Voici maintenant un autre aveu d'un Allemand.

Le 20 janvier, à deux heures, celui qui écrit ces lignes avait la douleur de conclure avec un officier de l'état-major du général de Kirchbach un armistice pour l'enlèvement de nos morts.

Nous montions, côte à côte avec l'officier allemand, que suivait son porte-drapeau parlementaire, la pente qui mène au mur de Buzenval. Tout à l'heure j'en ai parlé.

Le terrain était couvert d'armes, de képis, de sacs, de débris, de cadavres. De bons bourgeois à l'air placide, les lunettes sur le nez, gisaient, raidis dans leurs capotes de compagnie de marche. Des Parisiens imberbes étaient couchés, la face contre terre, ou se tenaient encore debout, serrant leurs fusils entre leurs doigts morts. On voyait des portefeuilles et des portraits-cartes qui s'échappaient des capotes entr'ouvertes. Des chemises de batiste apparaissaient tachées de sang. Çà et là, à côté de ces pantalons noirs, gisaient aussi des pantalons rouges.

Certes, je me sentais navré, en regardant ces braves et bons soldats de la ligne qui, depuis cinq mois hors des murs, tenaient la campagne ; mais ce qui m'attristait davantage et me serrait le cœur, c'était la vue de ces morts de Paris, *pékins*, ouvriers ou bourgeois, tombés ainsi à quelques mètres du Mont-Valérien, et pour la défense de cette ville, dont on apercevait vaguement au loin, dans la brume, les silhouettes et les dômes. Et j'ai rapporté déjà le mot de l'ennemi, cet hommage de M. de Franckenberg qui vaut une *mise à* l'astre du jour :

— Je vous fais compliment de *vos nouvelles troupes de ligne.*

Il était éloquent, ce mot, devant les cadavres des gardes nationaux.

La veille, tandis que les bataillons des gardes nationaux qui faisaient brigade avec la troupe, — avec ce 42e et ce 35e de ligne dont le dévoûment est légendaire, — tandis que les compagnies de marche gravissaient, sous le feu, les pentes de Buzenval, on raconte que le général Noël, suivant leur mouvement du haut du fort, se retourna vers ses officiers et dit ces mots :

— Ah çà ! mais, ces *gaillards-là* se battent comme des hommes !

Toujours est-il que, le soir du combat, les soldats parlaient avec un cordial respect de ces nouveaux compagnons qu'on leur avait donnés le matin. Ils n'étaient plus pour eux les *trente sous ;* ils étaient, comme pour le commandant du Mont-Valérien, des *hommes.*

Un vieux professeur du faubourg Saint-Germain, portant binocle, avait, au début de la bataille, vainement cherché à se rendre compte de l'endroit d'où les Prussiens tiraient. C'est le fait des débutants : les balles sifflent ; on ne sait d'où elles viennent.

— Pardon, monsieur, dit alors, avec l'accent de M. Prudhomme, le bonhomme à un soldat de la ligne, qui faisait feu à ses côtés ; sur quoi tirez-vous, s'il vous plaît ?

— Mais là, sur cette fumée, vous voyez bien !

— Je vous remercie.

Et, depuis lors, paisiblement, lentement, comme s'il eût tiré sur des moineaux avec une canardière, le vieux professeur avait, jusqu'au soir, et sans choisir d'autre abri qu'un tronc d'arbre gros comme deux fois un rotin, fait feu sur la fumée.

Ne raillez pas la garde citoyenne.

C'est un vieux refrain qui le dit. Ne déprécions

pas l'humble courage de ceux qui ont bien combattu quand on les a fait combattre.

Le général Ducrot fut héroïque à Champigny, mais a-t-il oublié le bataillon du génie auxiliaire (un bataillon de *bourgeois*), qui sut aussi « se montrer » ce jour-là ?

Au surplus, les pauvres diables de gardes nationaux ignorés gardent à leur *avoir*, et devant l'histoire, un témoignage qui a sa valeur.

C'est la photographie, faite par Disdéri, de tous les morts des bataillons de marche qui, ramassés sur le champ de bataille, furent rangés côte à côte dans une fosse du Père-Lachaise, afin que l'objectif, réfléchissant leurs traits déjà décomposés, permît aux survivants de les reconnaître un jour.

Je ne sais rien de plus lugubre que cette photographie, que cette double rangée de cercueils, de morts étendus dans leurs linceuls sanglants et à demi-couverts de sciure de bois. Il y a là presque des enfants et déjà des vieillards. Il y a des officiers avec leur sabre à poignée d'acier ; il y a des faces de gens du peuple et des visages de gens du monde. Le hasard de la tuerie et de l'abandon les a jetés là, bière contre bière, dans un cimetière commun. Les blessures mortelles sont horribles. Des crânes brisés, des poitrines ouvertes. Mais, çà et là, des sourires confiants, heureux, résolus — le sourire des martyrs satisfaits — animent encore ces figures mortes et leur donnent comme un reflet d'immortalité.

Immortalité ! Hélas ! Comment s'appellent ces morts ? Qui le sait ? Personne.

Les fils de la noblesse française, admirables, dignes de tout éloge dans cette guerre, savaient du moins qu'en tombant, même sous la veste grise du simple zouave, ils laissaient un nom, ou plutôt ils rajeunissaient celui qu'on leur avait laissé, et teignaient de vermeil leur blason. Mais ces inconnus, Pierre, Paul, Jacques, Clément, André, que sais-je? tous ces ignorés de la victoire, avaient-ils, pour soutenir leur courage, l'orgueil légitime qui faisait battre le cœur d'un Luynes ou d'un Vogüé ?

On a compté les morts de la noblesse de France. Les morts du peuple et de la bourgeoisie sont, comme leurs pleurs, trop nombreux pour cela.

Mais, du moins, qu'on n'oublie pas de leur élever, à ces héros sans nom, le monument de gloire que promettait, en janvier 1871, aux combattants de Paris, l'infortuné Clément Thomas qui allait rencontrer si tôt un monument funèbre.

Qu'on l'élève, ce monument, et qu'on grave dessus

ces mots : « *Aux gardes nationaux tombés pour la défense de Paris !* »

Ou plutôt, car il est temps de ne plus voir parmi nous ni soldats du Rhin, ni soldats de la Loire, ni combattants de Gravelotte, ni défenseurs de Belfort, ni turcos de Wissembourg, ni mobiles de Coulmiers, ni garde nationale, — mais des patriotes partout, du même sang et du même cœur, tous enfants de la même patrie, — qu'on grave ce qui suit sur la pierre ou le bronze qui perpétuera le souvenir de leurs efforts :

« *A des Français morts pour la France !* »

IV

LES HÉROS INCONNUS

LES HÉROS INCONNUS

Canne de Michelet, évoque encore de tels souvenirs !

Les journaux annonçaient, un matin de 1872, que le cuirassier Fuchs, un Alsacien qui, prisonnier à Spandau avait été condamné à être fusillé pour avoir tenté de s'évader de la citadelle, venait d'être décoré de la croix d'honneur sur la proposition du ministre de la guerre. C'était là du moins une croix bien gagnée. Ce brave homme, condamné à mort par les Prussiens, pouvait facilement se sauver du peloton d'exécution dont on le menaçait : il n'avait qu'à opter pour la nationalité allemande. Dès lors, ce n'était plus un Français prisonnier qui cherchait à s'échapper d'une forteresse d'État : c'était un *frère allemand* qui voulait rejoindre ses compatriotes.

Le cuirassier Fuchs n'entendit point de cette oreille germanique. Il répondit : « Non, je suis Français ; qu'on me fusille. »

Il a fallu l'amnistie pour nous le rendre. Voilà un modeste héros qui, sur ma foi, n'a point, comme on dit, volé son ruban rouge.

Le cuirassier Fuchs n'est pas le seul de ces héros inconnus qui, dans l'ombre, sans espérer jamais une gloire ou une récompense quelconque, ont fait bravement leur devoir, aux heures douloureuses de la défaite. Il n'est point le seul qui n'ait pas faibli dans le malheur et qui ait fait face au danger, le cœur résolu et la tête haute.

J'ai toujours rêvé qu'on élevât, dans quelque coin de la France, ou sur une place publique de Paris, un monument de marbre ou de bronze qui perpétuât à jamais, aux yeux des hommes, moins oublieux que leurs mémoires, le souvenir des inconnus, des gens sans nom, des cadavres anonymes, des martyrs sans gloire, obscurément tombés pour la patrie.

Ce serait là comme la fosse commune des héros oubliés, le Panthéon des petits, des humbles et des dédaignés de la Renommée.

Ce serait le vrai monument élevé, non pas à un homme, à un souverain, à un guerrier seul, mais à la France tout entière.

Et ce serait là que les mères des enfants morts loin du pays, les veuves des jeunes hommes enterrés dans quelque cimetière d'Allemagne, dans quelque fossé du Mexique ou dans quelque *campo santo* d'Italie — ou, pour parler d'hier, enlisés dans la boue du Tonkin; — ce serait là que les sœurs, les amies, les amantes, apporteraient leurs couronnes mortuaires aux jours anniversaires du trépas de ces martyrs.

Tous, il est vrai, ne sont pas morts, et la patrie peut récompenser, dans quelques-uns de ceux qui ont survécu, le dévoûment, l'abnégation et le sacrifice des autres.

Le *Journal officiel* publie, tous les ans, la liste d'un certain nombre de braves gens à qui le pays accorde — quoi? Un bout de ruban, une médaille, une croix, pour un dévoûment auquel l'antiquité, tant célébrée, eût élevé des statues.

Et qui, en vérité, a jamais lu ou seulement parcouru ces listes? Qu'on nous parle des scandales du jour, des tapageurs ou des impures, de tout ce qu'il y a de vain, de passager ou de frelaté dans la vie moderne, soit! Mais de pauvres niais héroïques qui ont sauvé la vie de quelque enfant qui se noyait ou qui ont arraché un de leurs semblables à l'incendie, qui ont bravé le Rhône débordé ou la Seine; qui ont, étant aiguilleurs, préservé tout un train de voyageurs ; étant pompiers, retiré du feu des bombes qui allaient éclater; étant sergents de ville, arrêté un cheval emporté ou tué un chien enragé — passons, cela n'intéresse personne.

Eh bien! si, et, en vérité, j'ai été fort ému en lisant, un matin de Mai 1872, dans le *Journal officiel*, de courtes et éloquentes notices comme celles-ci :

« Louis HUDE, ouvrier mineur, descendu dans la mine, au péril de sa vie, pour opérer le sauvetage des victimes d'une explosion de *feu grisou*. — Médaille de 2e classe.

« Mathurin JEUDI, aiguilleur au chemin de fer d'Orléans, a arrêté un malfaiteur sur le point d'assassiner un gendarme. — Médaille de 2e classe.

« Edouard ESBERT, ouvrier ferblantier à Limoges, a risqué sa vie en retirant une jeune fille de la Vienne. — Médaille de 2e classe.

« Jean-Baptiste GONOT, mécanicien, a empêché, en se dévouant à la mort, le déraillement d'un train express. — Médaille de 2e classe.

« Léopold-Casimir BIZET, sapeur-pompier à Amiens, le 27 décembre 1870, s'est battu comme volontaire aux tranchées de Dary, et il est demeuré à son poste, faisant le coup de feu, sans y être contraint. — Médaille de 2e classe.

« Auguste MOUTON, docteur à Mormant (Seine-et-Marne), s'est jeté entre deux personnes attaquées par des soldats prussiens, et les a sauvées en faisant reculer les Allemands. »

Est-ce tout ? Non, certes.

Au mois de mai de cette même année 1872, on trouvait dans le *Journal officiel* la nomination de deux nouveaux chevaliers de la Légion-d'Honneur.

L'un était un receveur particulier sédentaire des Contributions indirectes près la saline de Goutenans, M. JOUVENCEAU. A la tête d'une colonne d'attaque du 52e régiment de marche d'infanterie, M. Jouvenceau, ce pékin, avait marché au combat de Villersexel, guidant les soldats à travers les chemins qu'il connaissait, et recevant une blessure en pleine poitrine.

L'autre, Basilide BALLACEY, curé de Vineuf (Yonne), ramassant autour de lui une poignée de gardes nationaux bourguignons, avait enlevé, au mois de décembre 1870, un poste prussien tout entier, un officier et quinze uhlans.

N'oublions pas ces noms si bravement portés.

N'oublions pas non plus ceux qu'on ne décore point.

A-t-on récompensé cette héroïne des Vosges, Mlle Lix, receveuse des postes à Lamarche, qui, combattant avec les francs-tireurs, devint leur lieutenant, risqua sa vie, pendant la guerre, de façon à étonner les plus braves, et se fit ambulancière après la paix, de façon à attendrir les plus dévoués, donnant son argent après avoir donné son sang?

A-t-on récompensé ce pharmacien de l'Isle-Adam, M. Capron, qui, organisant la défense de Parmain, battit les Prussiens, lui et quelques rares francs-tireurs décidés à mourir, et força par deux fois les Allemands à se mettre en retraite, — ces Allemands qui traînèrent bientôt *deux obusiers* pour réduire vingt-huit ou trente hommes?

Que d'exemples encore du plus rare dévoûment se rencontreraient si l'on cherchait bien dans les tristes annales de notre dernière guerre!

On jugeait, un jour, au lendemain de l'année terrible, à Vincennes, devant un conseil de guerre, un pauvre diable de cuirassier qui, pour je ne sais quelle désobéissance au code militaire, pour une parole trop vive ou un geste trop prompt, avait été renvoyé devant la justice militaire.

C'était un grand gars du Jura, encore jeune, l'air

énergique, presque dur, et qui, pendant qu'on l'interrogeait et qu'on l'accusait, était demeuré impassible, regardant droit devant lui, décidé à tout entendre, à tout subir, et à bien mourir surtout, si on le condamnait à mort.

Il avait, à l'audience, déclaré se nommer *Maurice*, et être *enfant trouvé.*

Les témoins à charge avaient déposé, et lui les avait écoutés sans dénégations, sans colère, paisiblement. On sentait que cet homme s'était jugé lui-même et avait, intérieurement, prononcé sa propre sentence.

Cuirassier de Frœchswiller, après avoir chargé, avec sa division, à travers les rues de Morsbronn, il avait, le casque bossué et la cuirasse ponctuée de balles, rejoint les débris de son régiment à Châlons; puis, à Sedan, il jouait encore de sa grande *latte* sur les Prussiens. Il faisait partie de ces cavaliers qui, se ruant sur les fantassins allemands, au calvaire d'Illy, arrachaient cette exclamation au roi de Prusse qui les regardait de loin : « *Oh ! les braves gens !* »

Après la déroute, le cuirassier avait rejoint, à travers champs, des débris d'escadrons qui se frayaient un chemin vers la Belgique, puis, tournant bride vers la France, il était revenu se mettre à la disposition de ses chefs, et, à l'armée de la Loire, il combattait avec sa vaillance habituelle. Blessé grièvement à la jambe, on avait, un moment, parlé de l'amputer. Il refusait, aimant mieux mourir tout entier que survivre avec un *pilon*. Le pauvre diable avait été guéri, mais il boitait encore (et pour toujours) quand son mouvement de colère le faisait asseoir devant des juges, sur les bancs du conseil de guerre.

Il y avait pourtant dans la mâle physionomie de cet homme un je ne sais quoi de sympathique et de résolu qui plaidait pour lui, et ceux qui l'interrogeaient ressentaient comme un impérieux besoin de l'absoudre. Ils paraissaient ne pas comprendre comment un type pareil de soldat, soigneusement astiqué, grand, solide, l'air franc et intrépide, avait pu se laisser aller à une passagère indiscipline. Mais le fait était là, et il fallait bien se rendre à l'évidence. Le cuirassier avait désobéi.

Allons, on te condamnera, mon pauvre ami !

Tout à coup, parmi les témoins, on appela le colonel ***. Le colonel avait été, au mois d'août 1870, le commandant des cuirassiers. Lorsqu'il l'entendit nommer, l'accusé eut dans le regard comme une flamme confiante, mais qui s'éteignit bientôt. Pourtant, quand il vit s'avancer le colonel à la barre du tribunal, il lui lança ce bon regard profond et dévoué des chiens de garde qui aiment leur maître.

Le colonel arriva, la taille droite, le front chenu, à la boutonnière la rosette d'officier de la Légion-d'Honneur et tenant son chapeau (car il était vêtu en bourgeois) de la main gauche. Quand à la main droite... Le colonel avait boutonné dans son paletot la manche droite de son habit, une manche vide. Le bras avait été coupé.

Le colonel salua le conseil et, sur une invitation du président, — un vieux, l'air énergique et la moustache blanche, — il raconta ce qui suit.

C'était à Frœchswiller, le 6 août, ce samedi qui devait s'appeler à la fois Forbach et Reichshoffen. Des cuirassiers avaient chargé, offrant leur sang en sacrifice pour sauver les débris de l'armée déjà vaincue. C'était un carnage sinistre, et les officiers prussiens, du haut de leurs fenêtres, brûlaient la cervelle à ces héros qui lançaient leurs chevaux à travers les petites rues du village alsacien. Le colonel ***, alors commandant, chargeait, droit sur ses étriers, en tête de son escadron, lorsque, brusquement, il tomba net à terre, avec un bruit mat. Le cuirassier Maurice (celui qu'on allait juger) le vit tomber au moment où lui-même sentait son cheval s'abattre, frappé d'une balle. Maurice laissa son cheval se débattre horriblement et courut au commandant.

Atteint d'un coup de feu, le commandant ne bougeait pas.

— Mon commandant! mon commandant! criait le pauvre homme, pendant que les balles pleuvaient toujours sur les cuirasses.

Et, tout à coup, avisant un chirurgien qui enjambait les cadavres : — Major, le commandant est blessé! Sauvez le commandant!

— Ah bah! fit le chirurgien en donnant un rapide coup d'œil au corps étendu; pourquoi faire? Il est f...., ton commandant!

Ce mot frappa au cœur ce soldat, qui jeta au major un regard plein de furie.

— Toi, tu sais, je t'étranglerai si jamais je te retrouve, cria-t-il.

Et n'en voulant pas avoir le démenti, attaché à ce corps inerte par une affection dévouée et têtue, il se pencha, ramassa le commandant tout sanglant, et le porta ainsi, sur son dos, loin du champ de mort qu'abandonnait l'armée. Il le porta jusqu'à la nuit, pliant sous le fardeau, harassé, écrasé de fatigue, mais résolu à sauver cet homme et à faire mentir la parole stupide du chirurgien.

Quand, à la première étape, loin du danger, le cuirassier atteignit une ambulance, il tomba, inanimé comme le blessé, auprès du corps ensanglanté de son commandant.

— Et voilà, conclut le colonel ***, ce que j'avais à dire de l'accusé. C'est à lui que je dois de vivre. C'est à lui que je dois mes épaulettes de colonel, car ma nomination a suivi de près le 6 août. J'ai pu, depuis, combattre encore et perdre un bras au service de la France ; mais ce qui me reste, c'est à ce soldat que j'en suis encore redevable. Quant à lui, blessé, impotent, boiteux, il attendait sa mise à la retraite avec la pension qu'il mérite, lorsqu'un moment d'emportement a tout compromis. Et, chose à noter, messieurs, c'est justement le chirurgien de Frœchsviller qui devra examiner si la blessure du cuirassier lui donne droit à la pension qu'il réclame. Le sort du pauvre homme, en supposant que vous l'acquittiez, dépend de la volonté ou du caprice de ce même major qu'il a menacé sur le champ de bataille. Je n'ai plus rien à ajouter. Mais je crois que la vie de l'accusé plaide pour lui plus éloquemment que toute harangue. Le meilleur avocat des braves gens, c'est leur passé. »

Le colonel avait raison. Après une délibération assez courte, le conseil de guerre prononça à l'unanimité l'acquittement du cuirassier. On vit alors le soldat, toujours impassible, saluer ses juges avec la rectitude du bon troupier, et le colonel, démeuré assis au fond de l'auditoire, s'incliner à son tour devant le conseil.

Puis le colonel s'avança vers le soldat et lui tendit son unique main. Alors le cuirassier, ému jusqu'aux os, devint très pâle et se mordit la moustache. Et les deux blessés, le colonel manchot et le soldat boiteux, montant clopin-clopant en voiture, allèrent près de là, assis à la même table, boire à la santé de la France et à cette journée de Reichshoffen qui aura, ô morts du 6 août, son lendemain et sa revanche.

Et on se montrait ces deux débris de la bataille, le chef et l'humble troupier, dont on disait les noms que je pourrais répéter ; — et on les saluait, l'un et l'autre, l'un, le héros du dévoûment, l'autre, le héros de la reconnaissance et du souvenir.

Mais il est des héroïnes inconnues, s'il est des héros ignorés. A côté de Mlle Lix, qui porta la vareuse du franc-tireur et de Mlle Dodu, décorée pour son dévoûment, je voudrais célébrer une femme, une jeune fille, dont le nom mérite de rester dans notre histoire littéraire, dans notre histoire civique.

Au mois d'août 1884, il se célébrait à Versailles, un mariage dont les journaux n'ont point parlé et dont l'histoire, qui est touchante, a vraiment l'attrait et le charme d'un roman. Un roman où l'idéal joue le principal rôle, un roman qui pourrait prouver qu'en ce monde l'héroïsme et le dévoûment ne sont jamais, quoiqu'on en dise, éternellement bafoués.

Peu de personnes connaissent — malheureusement — un livre publié il y a huit ans et qui porte ce simple titre : *le Journal de Marie-Edmée*. A la première page, un portrait de femme, gravé par Flameng, une jeune fille debout, pensive, les traits fins, mélancoliques et rêveurs, des yeux très doux sous un grand chapeau rond à plumes noires, une bouche sérieuse, des bandeaux plats, toute une physionomie grave et songeuse qui fait penser à certains portraits d'Ingres. C'est le portrait de Marie-Edmée et c'est ce *Journal de Marie-Edmée* qui a fait le mariage touchant qu'on m'a conté, et c'est le frère de Marie-Edmée, dont le *Journal* contient l'âme tout entière, qui est devenu comme un héros de roman, à cause même de sa sœur.

Marie-Edmée est morte pourtant depuis quatorze ans et il ne reste d'elle que ces pages où palpite un cœur de Française, où revit, en quelque sorte, tout entière, de pied en cap, avec tous ses rêves, ses aspirations, ses tristesses, jusqu'à ses déceptions de chaste amour, cet être spécial que notre littérature a négligé, ou méconnu, ou calomnié et qui s'appelle la *jeune fille*. La jeune fille, ce je ne sais quoi de fugitif dans la femme même, cette créature spéciale dans une créature, ce momentané de la femme, si l'on peut dire, cette âme en éveil, cette candeur qui s'inquiète, qui cherche, qui doute, la « jeune fille », que M. Alphonse Karr comparait, un jour, à un *album* encore intact, sur la blancheur duquel la vie écrira tant d'étrangetés ou de tristesses! Marie-Edmée est une jeune fille et, pour ne point ressembler à *Chérie*, elle n'en a pas moins son « cœur humain » et son intérêt moral et littéraire. Je crois même qu'elle est plus profondément intéressante et digne d'étude.

Au reste, voici son histoire.

Marie-Edmée Pau, dont le *Journal* vaut cent fois mieux, à mon sens, que celui d'Eugénie de Guérin, est née à Nancy en 1845.

Le père, M. Pau, était soldat. Cette race lorraine a toujours donné de bons défenseurs à la France. M. de Bismarck comparait, un jour, l'Alsace et la Lorraine à deux pointes de fer enfoncées dans la chair même de l'Allemagne. M. Pau, officier au

68e de ligne, avait, au siège de Rome, contracté une paralysie qui le tint couché pendant sept années. Marie-Edmée avait quatre ans, lorsque sa mère, Mme Pau, qui vit encore, lui montra ce soldat revenant, ainsi frappé à mort d'une campagne en lui disant : « Embrasse ton père ! » Elle l'embrassa et grandit à côté de ce lit de malade. Le père qui allait mourir enseignait la lecture, l'histoire, le dessin à l'enfant qui ne demandait qu'à vivre. En 1856, ce père meurt. Marie-Edmée avait onze ans. Mme Pau continua à apprendre le dessin à sa fille.

Il y avait non seulement une âme, mais une main d'artiste chez cette enfant. Elle copiait les dessins du *Magasin pittoresque*, les tableaux de Léon Cogniet ou d'Ary Scheffer, les compositions de Tony Johannot; mais déjà, tout en copiant, elle donnait à ses œuvres un caractère personnel, çà et là quelque trait original. Son frère Gérald, étant entré comme élève à La Flèche, elle lui envoyait un journal illustré de ses lectures, des compositions d'après les poésies de Victor Hugo, de Lamartine, de Mme Desbordes Valmore. Tout cela serait d'un intérêt un peu bien spécial et ne pourrait avoir d'attrait que pour les intimes si, poussée par la nécessité, Marie-Edmée n'avait pas, depuis, donné au public des œuvres dignes de remarque et dépassant le mérite de l'amateur.

La famille Pau n'était pas riche. On ne fait point fortune à servir son pays les armes à la main. Mlle Pau se mit à illustrer des livres et elle a laissé un ouvrage tout à fait remarquable, exquis, poétique, très féminin et très original, l'*Histoire de notre petite sœur de Lorraine*, où elle conte, à la plume et au crayon, sur le ton d'une légende familière, la légende de Jeanne d'Arc.

Jeanne d'Arc fut sa vie, son culte, sa passion. Enfant, elle préférait le miracle patriotique de Domremy à tous les contes bleus ou roses. « Sur un morceau de papier indépendant de mon album, je dessinais une Jeanne d'Arc, à douze ans. Entre moi et cette feuille, je voyais une créature ineffable que mon crayon défigurait en essayant de la reproduire ; l'histoire de ma sainte et bien aimée bergère se chantait en moi ! »

Et, plus tard, elle dira encore, en parlant de cette sainte de la patrie :

« En réunissant toutes mes amitiés en une seule, je ne crois pas trouver un amour comparable à celui que j'ai pour cette jeune fille, morte il y a plus de quatre cents ans. Qu'on appelle cela folie, exaltation, chimère, je demanderai s'il est possible que l'imagination soit plus féconde que la réalité ! Or, cette chimère obtiendrait de moi tous les sacrifices. Ce nom, quand je l'entends prononcer ou quand je le lis quelque part, me remplit d'une émotion impossible à décrire ; mon cœur bat, mes yeux se remplissent de larmes, un je ne sais quoi d'immense comble le vide affreux qui existe en moi, un souffle divin me soulève et je voudrais avoir des ailes pour aller chercher dans le ciel ma Béatrix à moi. »

J'avoue qu'affolement pour affolement, pour parler comme Mlle Pau elle-même, j'aime mieux cette fièvre d'idéal qui saisit la jeune Lorraine songeant à Jeanne d'Arc, que l'appétit morbide de telle héroïne de roman naturaliste s'exaltant pour un morceau de fromage.

Marie-Edmée a donné plus d'un dessin excellent aux publications de M. Hetzel, qui lui reprochait de manquer un peu d'originalité. Mais l'*Histoire de notre petite sœur de Lorraine*, dessinée dans le goût archaïque d'Overbeck, est vraiment une œuvre personnelle et remarquable.

« La jeune fille qui pleurait de saisissement » en lisant la *Jeanne d'Arc*, de Michelet, qui étonnait un peu l'évêque Dupanloup, en lui parlant de ce culte de Jeanne d'Arc qu'on a appelé chez elle

« l'étoile fixe » de sa pensée, allait souvent à Domremy comme vers un patriotique et pieux pèlerinage, et elle a rendu avec infiniment d'art et de sentiment cette figure idéale de la Française. Je voudrais voir ce petit livre aux mains de tous nos enfants.

Ainsi Mlle Pau travaillait sans bruit, heureuse ou résignée, aux côtés de sa mère, songeant avec fierté à son frère Gérald, qui était soldat.

Un jour, le 16 novembre, elle écrit ces lignes : « Vingt-trois ans, cela représente beaucoup de biens reçus de Dieu, de la famille et de la société, et partant, beaucoup à rendre, sinon je ne serais qu'une ingrate. »

Elle n'a qu'une ambition, se dévouer, et avec cela une sorte d'instinctif amour, l'attrait, l'appétit de la mort.

« Suivre le cercueil où dort pour toujours une jeune fille de dix-neuf ans, écrit-elle dans une page de son *Journal ;* voir la mère, le père et la sœur conduire son deuil ; se rappeler que ce cadavre était, avant cette affreuse agonie de dix-huit mois, un des corps les plus beaux que j'aie jamais vus ; se souvenir d'un charmant visage animé par des yeux de flamme ; se rappeler qu'on a connu cette jeune fille dès l'âge de huit ans ; voir un avenir de jouissances et de beauté enfermé ainsi pour jamais dans un caveau mortuaire ; donner une prière à l'âme de la jeune trépassée, voilà ce que j'ai fait aujourd'hui. »

Parfois, attirée ainsi par le magnétisme de l'éternel repos, Marie-Edmée va au cimetière « dessiner la nuit qui descend sur les saules et les croix » ou la tombe du général Drouot ; mais ce côté morbide de sa nature est bien vite effacé par le besoin d'action et d'héroïsme. La jeune fille veut vivre et, belle, jeune, faite pour être aimée, elle vivra...

Lorsque l'impératrice Eugénie vint à Nancy assister aux fêtes données pour un anniversaire de la réunion de la Lorraine à la France, des amis de Marie-Edmée eurent l'idée de la présenter à la souveraine et de demander pour la jeune fille le poste envié de lectrice. C'était un honneur ; c'était aussi un péril. La pauvre enfant eût brusquement quitté l'austérité d'une vie de labeur qui lui plaisait. Elle préférait à tout sa table de travail, ses livres, ses rêves. Mais elle se disait aussi qu'en approchant des grands de la terre, on peut leur donner, parfois, des conseils qu'ils écoutent rarement.

Enfant, Marie-Edmée songeait : « Je serai Jeanne d'Arc ! » L'idée lui vint qu'elle pourrait être Odette et faire entendre au maître de l'empire la voix de la patrie. Elle fut presque heureuse de l'idée qu'avaient eu ses amis, puis elle fut tout à fait enchantée que l'aventure en demeurât là.

Le sort lui réservait une autre destinée : 1870 arrive. C'est comme un coup de foudre. Elle maudit la guerre ; mais Lorraine, fille et sœur de soldats, elle l'accepte d'un cœur ferme.

Elle voit entrer, à Nancy, les soldats qui vont mourir, oui, mais elle croit qu'ils vont vaincre. Un soir, le 5 août, un vendredi, il pleut dans la ville morne ; tout est lugubre, on bat la générale. « Qu'est-ce que cela ? » Cela, c'est Wissembourg. Et Gérald ? Marie-Edmée court, pour l'aller retrouver, demander un sauf-conduit au général de Lacharrière, celui qui devait tomber, je crois, quelques semaines plus tard, sous les murs de Paris. Le général refuse.

— Une femme seule... mademoiselle...

— Qu'importe ! ne puis-je pas agir comme si j'étais le frère de mon frère ?

Le général ne répond pas. La raison qu'il donne n'est pas la vraie raison. La vérité est que la route n'est plus libre. L'ennemi est là ! Et ce n'est plus seulement Wissembourg maintenant c'est Reischoffen. On s'est battu à Wœrth et l'on a été écrasé. L'armée de Mac-Mahon arrive à Nancy débandée. L'armée d'Afrique est en lambeaux. Pourtant ce sont des vaillants, ces soldats ! Plus d'un comme celui que Marie-Edmée veut débarrasser de son fusil, de ses cartouches, répond : « Non ! non ! ça nous servira là-bas ! » *Là-bas*, en montrant Châlons. A suivre l'instinct du troupier, une bataille à Châlons n'eût point fini comme Sedan, sans doute.

Cependant, tremblante, à demi-morte, Marie-Edmée demande des nouvelles de Gérald. Gérald est lieutenant au 78e de ligne. Voici justement un soldat du 78e. Il est de la compagnie de M. Pau.

— Le lieutenant ?..., répond-il. Prisonnier et blessé au poignet !... Gravement. Nous l'avons tous entouré, mais le lieutenant Pau nous a dit : « Ce n'est rien, allez vous battre !

— Et la blessure ? demande la mère toute pâle.

— Oh ! je pense qu'il faudra amputer !

Et tout en questionnant ainsi, en recevant ces nouvelles affreuses, Marie-Edmée aux trains qui passent sert du café, du bouillon, du vin pour les blessés. Je sais bien que plus d'une femme en France, Dieu merci, a fait, en ces temps lugubres, ce que fit cette jeune fille, mais c'est bien pourquoi je donnerais à Mlle Pau ce beau nom : *La Française*. Elle est Française en tout, jusqu'en sa pitié pour les dragons bavarois logés chez sa mère qui, dans son petit jardin, pleurent en écrivant à leurs familles.

A la gare de Nancy, elle guettait, au passage, les trains bondés de pauvres diables qui emportaient nos prisonniers vers l'Allemagne et non seulement elle leur donnait des secours, des provisions, tout ce qu'elle possédait, mais elle leur apportait, si je puis dire, le secours de l'ingéniosité de son âme. Elle venait avec un carnet, du papier, des crayons, montait dans les wagons, prenait les noms des soldats, l'adresse de leur famille ou leur faisait écrire quelques lignes et se chargeait de les faire parvenir aux parents. Elle fit mieux. Elle alla dans les ambulances et, crayonnant les portraits des mourants, elle les envoyait à ceux que les malheureux laissaient après eux. Idée de femme et d'artiste, dévouement exquis et d'une touchante tendresse de cœur.

Un jour, on dépose à Nancy, dans une salle de dissection, le cadavre d'un pauvre héros de dix-neuf ans, Jean Fontal, de la Savoie, franc-tireur, un de ceux qui venaient de défendre et de faire sauter le pont de Fontenoy. Les Prussiens ne s'étaient pas contentés de le fusiller, ils l'avaient mutilé et jeté ensuite en quelque coin, comme un paquet de chair saignante. Marie-Edmée réussit à rester seule, un moment, avec ce cadavre, dans la salle d'anatomie. Elle prit ses crayons, copia la tête pâle, s'approcha, coupa au-dessus de ce front troué une mèche de cheveux — songeant à la mère du petit martyr — puis, s'agenouillant auprès du cadavre, elle pria longuement pour le soldat.

Elle avait cependant, à travers mille dangers, réussi à rejoindre le lieutenant Gérald, blessé. Elle obtint de M. de Bismarck de reconduire le jeune officier chez sa mère. Un soldat amputé n'est plus dangereux. M. de Bismarck oubliait qu'on a deux bras pour tenir une épée.

Le 7 septembre Marie Edmée ramenait son frère à Nancy. Un mois après, Gérald, guéri, déclarait qu'il voulait rejoindre à Besançon son régiment, qui faisait partie de l'armée de l'Est. Il boîtait encore pourtant, le jeune officier, et le membre mutilé n'était point encore cicatrisé. Mais le devoir était là-bas. La mère et la sœur n'essayèrent point de retenir le blessé.

— Je veux te suivre si tu pars, dit la sœur, ou je me jetterai dans les Vosges avec Mlle Lix !

— Non, à chacun son devoir ; tu resteras auprès de notre mère et tu soigneras les blessés.

Sans dire un mot, pâle, dans une éloquence

muette, Marie-Edmée montra à son frère le ciel, puis, quand le soldat eut repris sa route :

— Je voudrais être homme et partir avec lui, dit la jeune fille à sa mère. N'est-ce pas que tu me laisserais partir ?

Et maintenant, dans la demeure de Nancy, les deux femmes ne songèrent plus qu'à la patrie et à ce mutilé qui se battait encore pour elle.

Elles apprirent, un jour, que Gérald avait été nommé capitaine et ce fut une joie ; puis, un soir, que l'armée de l'Est était en déroute, rejetée en Suisse, et ce fut un nouveau deuil dans ce foyer.

— Demain, dit Marie-Edmée, je partirai pour retrouver Gérald !

Le retrouver dans cette immense cohue qu'était devenue l'héroïque et malheureuse armée de Bourbaki ! Le 9 février 1871, Mlle Pau quittait Nancy pour la Suisse, emportant avec elle une provision de vêtements qu'elle avait cousus et fait coudre par des jeunes filles, ses amies et ses élèves. Cet atelier d'ouvrières volontaires, confectionnant des couvertures pour les prisonniers d'Allemagne ou les soldats de la frontière, s'appelait la *Compagnie Jeanne Darc*. Marie-Edmée vida en chemin son ballot dans les ambulances et le partagea entre les soldats errants, grelottant de froid dans la neige.

On la revit en costume de voyage noir, un en-tout-cas à la main, une ceinture de cuir autour du corps, traverser les monts pleins de neige.

Elle est en Suisse. Elle s'informe. Elle cherche pendant quinze jours son frère parmi ces soldats qui, pour elle, sont des frères aussi. Elle parcourt, à pied, toute seule, les Verrières, les environs du fort de Joux, les villages autour de Travers, soignant les blessés, visitant les ambulances, suivant anxieusement l'arrivée des convois, interrogeant les cadavres jetés au fond des fosses... Un hasard lui apprend que Gérald a été vu sur la frontière de France, près du village de Monthe. Il est debout. Il commande toujours sa compagnie. Puisque le frère n'a plus besoin d'elle, Marie-Edmée revient vers la mère.

Et tandis qu'avec cent vingt fantassins, Gérald, tenant dans la main gauche son épée, passe en sept nuits à travers l'armée de Manteuffel et gagne Saint-Julien en Savoie, la sœur revient à Nancy. Mais elle y revient pour mourir. Mourir souriante, du moins, mourir heureuse, un jour de mai 1871, en se disant peut-être qu'elle avait, elle aussi, essayé de faire son devoir comme sa *petite sœur de Lorraine*.

Quand les Prussiens virent, a-t-on raconté, sortir de la cathédrale de Nancy ce cercueil de jeune fille que suivaient des officiers, des soldats blessés, des femmes, des enfants, — une foule! — plusieurs demandèrent pourquoi tant de fleurs, pourquoi tant de larmes :

— C'est donc une grande dame de Lorraine qu'on enterre? dit l'un d'eux.

— Non, répondit une enfant, c'est une sœur de Jeanne d'Arc!

Et c'est parce qu'une autre jeune fille, — une Française, — digne de comprendre cette âme haute a ouvert le *Journal de Marie-Edmée*, qu'elle s'est éprise de Gérald en s'attendrissant sur la morte. Elle a voulu parler d'elle avec le soldat de l'armée de l'Est. Elle a, l'ayant connu, voulu partager sa vie. C'est Marie-Edmée, morte, qui a fait le mariage de son frère. Je ne connais pas de roman plus touchant que ce roman d'amour qui semble avoir pour bénédiction le sourire d'une martyre et a pour auréole la lumière qui sort d'une tombe.

V

LES INSTITUTEURS DE L'AISNE

LES INSTITUTEURS DE L'AISNE

Elle frémit dans ma main, la canne de Michelet en me conduisant vers d'autres tombes ignorées : des fosses où reposent de pauvres éleveurs d'enfants, tombés en hommes.

Au mois d'octobre 1870, les Prussiens vinrent mettre le siège devant Soissons. Les ponts sur l'Aisne ayant été détruits, ils ne purent tout d'abord passer de la rive droite sur la rive ganche. Puis, le 8 octobre, ils jetèrent un pont sur l'Aisne, en face d'un petit village blotti dans des bouquets d'arbres, et qui s'appelle Pommiers.

Le soir de ce jour-là, quelques braves gens de Pommiers coururent demander du secours à Pasly et à Vauxregis, deux communes voisines. On résolut de disputer le passage à l'ennemi, et un jeune instituteur primaire de Pasly, Jules Debordeaux, sergent-major de la garde nationale, distribuant les munitions et les armes, organisa la défense.

On se battit toute la nuit inutilement, intrépidement, héroïquement. On brûla jusqu'aux dernières cartouches, puis on regagna les demeures, et l'on attendit.

Le lendemain, un dimanche, les Prussiens, furieux, entraient dans Pommiers. Ils enfoncent les portes, cherchent les armes, fouillent, pillent et arrêtent le maire, l'instituteur, le curé.

L'instituteur Deborbeaux, interrogé par un colonel prussien, fut traité de *lâche* « parce qu'il avait osé combattre les troupes allemandes ». On ne pouvait pourtant lui prouver qu'il avait fait le coup de feu dans la nuit du 8 au 9. La défense de la rivière pouvait avoir été tentée par un détachement des troupes régulières de la garnison de Soissons.

Le maire de Pasly, espérant sauver cinq otages que les Prussiens détenaient dans la mairie, réclama une enquête. Les Prussiens firent venir deux habitants de Pommiers. Que leurs noms soient flétris! Ils s'appelaient Arthur Arnault et Leclère.

On leur demanda s'ils avaient vu l'instituteur Debordeaux, un habitant nommé Courcy, et d'autres, s'embusquer et tirer sur les Prussiens. Leclère et Arnault répondirent :

— *Oui, nous les avons vus !*

Alors, on attacha Courcy et Debordeaux l'un à l'autre, et on les fit marcher un moment, puis, leur ayant bandé les yeux, on tira sur eux. L'instituteur ne tomba point du premier coup. Il se releva deux fois, poussant des cris. Un officier prussien s'avança aussitôt et, par pitié, déchargea son révolver dans l'oreille du blessé.

Les deux cadavres demeurèrent là, sur la colline, abandonnés.

Ce n'était pas fini.

La défense du passage de l'Aisne réclamait, paraît-il, d'autres victimes encore. Il y avait, parmi les habitants de Vauxbouin et Vauxregis, trois malheureux que les Prussiens voulaient fusiller. Leur crime? Celui de Debordeaux : ils avaient défendu leur pays.

A ceux-là, on fit, par un raffinement de cruauté, creuser leur propre fosse. On dit à un curé qui était là :

— Vous avez cinq minutes pour les préparer à la mort tous les trois.

Il y eut quatre feux de peloton. Puis ceux des

Français que la justice prussienne avait épargnés durent enfouir eux-mêmes dans les fosses les cadavres de leurs compatriotes, et piétiner après sur la terre, tandis que les soldats allemands riaient.

Le maire de Pasly a ouvert une souscription pour élever un monument aux victimes des 10 et 11 octobre 1870. Mais il en est une autre, un troisième instituteur, dont Henri Martin racontait, un jour, la mort au conseil général de l'Aisne : c'est Jules Leroy. Des francs-tireurs ayant, le 11 janvier 1871, pris des vivandiers allemands aux environs de Verdières, les Wurtembergeois envahirent bientôt ce village, arrêtèrent sept personnes, et condamnèrent à mort l'instituteur et trois autres citoyens. Quatre décharges, de cinq minutes en cinq minutes, abattirent les quatre martyrs.

Jules Leroy fut exécuté le dernier.

— Venez voir, avait-il dit en marchant au supplice, venez voir comment meurt un innocent et un Français !

Pauvres instituteurs primaires, professeurs de campagne, qui enseignent aux petits l'alphabet de la vie, ils ont donc su, non seulement apprendre au prochain à vivre bien, mais encore ils ont enseigné à bien mourir.

Ils sont tombés, tous les trois, sur ce sol picard, où Laon a sauté, où Saint-Quentin s'est immortalisé, où Soissons a résisté sous les bombes.

Et il y a à Laon, dans la cour de l'École normale, une plaque de marbre qui porte les noms de ces trois hommes, victimes inconnues, dont il faut répéter les noms à l'avenir :

Jules-Denis Deborbeaux, instituteur à Pasly;

Louis-Téophile Poulette, instituteur à Vauxregis;

Jules-Athanase Leroy, instituteur à Verdières.

Les grands ont aussi leur livre d'or. Il serait temps d'ouvrir maintenant le livre d'or des petits.

Edouard Detaille a dessiné quelque part le monument funèbre élevé à Bougival à de braves gens coupables de s'être, eux aussi, défendus. Je sais une fosse à l'écart, qui, plus oubliée, mérite pourtant bien un salut.

Il y avait auprès de Marly, dans la petite commune de l'Etang-la-Ville, un ancien zouave ou spahis très alerte, *débrouillard*, comme disent les officiers, qui vivait là, avant 1870, d'un tas de métiers plus ou moins adroits, mais en somme presque tous avouables. Peut-être était-il un peu braconnier et tendait-il, çà et là, le licol aux perdrix. On le voyait souvent, je l'avoue, se présenter à la grille des maisons de campagne, et montrer de loin, quelque levreau qu'il tenait par les oreilles : un produit de sa chasse. L'ancien soldat courait la nuit par les champs et prouvait au gibier qu'il n'était pas très sain de brouter le thym au clair de lune. N'ayant, pour parler comme lui, pas froid aux yeux, il eût, en Afrique, guetté de même les lions, comme Jules Gérard, et peut-être même l'avait-il fait jadis.

Toujours est-il qu'on amena un jour vers 1869, à Marly, venant des montagnes corses, deux mouflons, deux énormes mouflons, de ces béliers aux cornes dangereuses, contournées comme des volutes, que M. Abbatucci avait offerts au prince Napoléon. On les avait parqués tant bien que mal dans une façon de pré ou de pâturage, un terrain appartenant au prince, et on laissait là ces mouflons qui, farouches, sautaient par dessus les palissades et plus d'une fois, de leurs grosses cornes, effrayèrent les promeneurs tant et si bien, qu'à Marly et dans les environs on n'osait plus se risquer sur les routes de peur des mouflons corses.

L'ancien zouave, entendant donc parler du mouflon par les habitants effarés, se dit un beau jour :

— Pourquoi pas? Voilà une chasse! Ce doit être

bon, le mouflon ! Et quel service à rendre à tout le pays que d'en tâter un peu !

Il embauche deux camarades, et, une nuit, chacun d'eux ayant emmanché une baïonnette au bout d'un bâton solide, ils sautent par dessus les palissades et vont se planter en pleine clairière, dos à dos, comme formant le carré, devant les terribles mouflons. Réveillés, farouches, les animaux se précipitent, cornes baissées, sur ce point noir qu'ils aperçoivent à la lueur des étoiles, et, mâle et femelle, les mouflons sont embrochés par les baïonnettes tendues que tiennent fermement des poignes de fer. C'est le héros de l'expédition lui-même qui, depuis, conta l'aventure. Elle devait lui coûter cher.

Ce drame de la mort des mouflons fit, on se l'imagine, grand tapage. Les gardes forestiers, les inspecteurs des forêts, tout le monde se mit en campagne. Interrogatoires, commencement d'instruction. On ne trouvait point les coupables. On soupçonnait bien l'ancien zouave, mais aucun indice, après tout ! On ne pouvait prouver que ce fût lui. Il répondait aux questions d'un air très naturel, gaiement, sans gouaillerie. Peu importe : on transmit sur son compte un rapport des plus sévères à la préfecture de Versailles, et le braconnier continua à vendre ses perdreaux et ses lièvres sans plus s'inquiéter des mouflons qui, de leur côté, n'inquiétaient plus personne.

La guerre survient. Le département de Seine-et-Oise est occupé. Marly, Bougival, la Celle-Saint-Cloud servent de cantonnements aux troupes allemandes. Un soir, le cheval d'un officier prussien rentre sans cavalier, et le lendemain, dans une allée de la forêt de Marly, au pied d'un chêne, ses soldats trouvent leur capitaine étendu sur l'herbe, une balle au front, son porte-cigare à bout d'ambre brisé entre ses dents et glissant dans sa barbe blonde.

Furieux, les Allemands cherchent le coupable, fouillent les maisons, tempêtent, menacent. Ils ne trouvent rien, ni fusil caché, ni coupable certain.

Quinze jours se passent. Au bout de quinze jours un sous-officier prussien, se promenant en forêt, est abattu net au détour d'un chemin, à quelques mètres de l'endroit où le capitaine avait été tué. Cette fois, les Prussiens menacent de tout brûler. Il passe comme un vent d'effroi sur les fermes et les villages.

Des paysans apeurés, balbutient : « Ce n'est pas nous ! C'est *ceux de l'Etang !* A l'Etang, c'est plein de braconniers ! »

L'Etang-la-Ville a trois cent quatre-vingts habitants environ. Les Prussiens y vont, entourent le village, en chassent les enfants et les femmes, prennent tous les hommes et les emmènent dans la prison de Versailles entre des uhlans, pistolet au poing. A Versailles, on interroge les prisonniers. Tous se défendent et nient. Tous prouvent des alibis, « comme quoi matériellement ils n'ont pu tuer ces hommes. »

— Que vous ayez tué ou non, la question n'est pas là. Il faut un exemple. Il nous faut un coupable.

Et, à la Préfecture, les officiers instructeurs, ouvrant les cartons, fouillant les dossiers, trouvent le vieux rapport des inspecteurs des forêts, déclarant que l'ancien zouave, *homme très dangereux*, avait certainement tué les mouflons corses. *Homme très dangereux !*

L'épithète était l'arrêt du pauvre diable. Braconnier. Dangereux. Condamnation sans appel.

— Et quand j'aurais tué le mouflon, disait-il, d'un ton gouailleur aux Allemands, ça prouverait-il que j'ai tué le Prussien ?

— Enfin, vos compatriotes eux-mêmes vous signalent comme un homme dangereux !

— Et c'est bien ce qui m'enrage. Être fusillé par des Allemands à cause d'un rapport français, c'est dur !

Il en prit bien vite son parti.

Condamné à mort, on le conduisit un peu au-dessus de l'Etang-la-Ville, et là on lui mit une pelle à la main.

Pourquoi? Pour creuser sa fosse. C'est, paraît-il, un raffinement allemand.

L'homme se prit *à rire des épaules*, et creusa la fosse. On l'entendit dire, d'un ton railleur : — « Après ça, si ça leur fait plaisir. »

Il répétait encore qu'il avait tué le mouflon, mais non l'officier. On le fusilla sur place ; il mourut en souriant et on poussa du pied son cadavre dans la fosse que ses mains, maintenant sanglantes, venaient de creuser.

Je ne sais pas son nom. Je le relèverai quelque jour sur les registres mortuaires de son village. Il est bon qu'on n'oublie point ces humbles martyrs.

J'ai dit martyr. On vous racontera, en effet, dans la forêt de Marly, qu'un homme, un ancien soldat, dont le fils avait été tué à Metz, et qui, à son tour, est mort aujourd'hui, disait, les soirs où il avait bu un coup de trop, — cela quatre ou cinq ans après la fusillade de l'ancien zouave :

— Il n'était pas coupable ! Non, je sais bien qui a tué l'officier et je sais aussi, sous les chênes, où il y a un autre Prussien tué qu'on n'a jamais trouvé !... Celui-là, je vais quelquefois m'asseoir sur son tertre. Il y a de l'herbe, j'allume ma pipe, et, tout en fumant, je cause là avec l'enfant qu'ils ont tué à Gravelotte !

Et c'est de l'histoire, de la sombre histoire d'hier, ce funèbre récit, étrange comme une légende et rencontré, par les chemins, en causant à travers bois avec un paysan de là-bas.

J'aurais à saluer du bout de la canne de M. Michelet, comme on saluerait d'une épée, bien d'autres martyrs encore, ne fût-ce que ce prêtre admirable, le curé Miroy, de Reims, cachant dans l'autel, sous l'hostie, les fusils des gardes nationaux du pays et répondant aux Prussiens qui lui demandaient pourquoi il avait fait cela :

— Pourquoi ? Pour les garder, pour les charger et pour tirer sur vous !

On le fusilla près du chemin de fer, dans une sorte de chantier qui existe encore. Des Français l'avaient dénoncé, ce prêtre patriote que René de Saint-Marceaux a sculpté tombant face contre terre dans sa soutane trouée de balles — un chef-d'œuvre de bronze en mémoire d'un héros !

Les peuples ne meurent pas quand leurs fils savent ainsi mourir.

VI

UN PEINTRE DE BARBIZON

LE PEINTRE DE BARBIZON

Je l'ai emportée à Fontainebleau, dans les sentiers de la forêt, la canne du maître-historien! Je l'aimais, cette forêt qui fut, à un moment menacée d'une destruction partielle. Cet incomparable coin de France, où se retrouverait le pittoresque s'il était banni du reste de la terre, a failli recevoir la visite des manieurs de cognée. Les bûcherons ont rôdé autour du *Bas-Bréau*. On a vu des haches briller au *carrefour de l'Épine*, et les artistes, aussitôt, s'unissant dans une pensée commune, ont signé une pétition tendant à ce que la forêt de Fontainebleau fût assimilée à un monument historique ou à une œuvre d'art.

Ne sourions pas. Il ne faut pas avoir revu le bois de Boulogne mutilé, les troncs coupés au ras de terre, apparaissant çà et là, dans l'herbe rare, comme des moignons sinistres; il ne faut pas avoir traversé cette lande, ce cimetière d'arbres et de feuilles, pour s'étonner qu'on puisse comparer une forêt à une architecture sortie de la main des hommes. Il y a, au contraire, entre ces séductions et ces merveilles, des différences attristantes : c'est que la truelle répare ce qu'a pu détruire l'incendie ou ce qu'ont pu stigmatiser les balles, tandis que rien ne peut remplacer le bouquet de bois tombé sous les coups de cognée ou les arbres sciés et jetés au feu du bivouac.

Je l'ai aimée, cette forêt, et parfois aussi j'en fus l'hôte. Que de souvenirs tapis dans ses rochers! Que de rêves demeurés nichés encore dans ces sentiers qui virent passer tour à tour Obermann pensif, Murger souriant, Musset le cœur broyé, le sombre Lamennais à cheval, en pantalon de nankin et en souliers à rubans, à côté de George Sand; Béranger, qui contait, entre deux buissons, ses souvenirs de la Restauration; Michelet et sa vaillante compagne; Émile Augier, au rire franc et cordial; Gustave Nadaud cherchant un refrain; le ténébreux Antoni Deschamps ciselant des sonnets italiens ou français; Léon de Wailly, et tant d'autres, des plus illustres et des meilleurs !

Nous avons tous, plus ou moins, laissé un peu de notre jeunesse aux ronces de ces chemins; et que de gens, aux fronts aujourd'hui dénudés, retrouveraient, çà et là, quelque chiffre gravé au flanc des grands chênes qui ne sont devenus que plus robustes, ces géants, tandis que se ridaient et se courbaient les amoureux du temps jadis !

Les belles et bonnes journées, en ces temps de gaîté et sans lendemains sombres ! La diligence de Melun à Chailly nous menait, toute flambante, et ses vitres dansant avec des bruits de fusillade, jusqu'à cette rue de Barbizon qui était alors tout le village. On s'arrêtait devant quelque auberge ou à la porte d'un ami; on descendait : le vieux chien *Sergent* jetait ses aboiements et montrait ses longues dents blanches et inhospitalières. Mais la main du maître était largement tendue ; on s'asseyait dans un coin d'atelier; on regardait les *études* commencées, les tableaux achevés, et, tout en causant, on se levait pour aller, à la mode péripatéticienne, parler des choses d'art dans les sentiers de la forêt.

Et quelle fête alors pour les yeux ! Un homme qui s'est fait véritablement l'amoureux de la forêt, le vieux Denecourt, a vécu près de vingt ans dans ces chemins dont il s'est épris. On la comprend, cette passion. Denecourt a marqué là, presque un à un, tous les arbres. Il les a lui-même striés de flèches rouges servant à indiquer aux étrangers leur chemin. Il a, pour ainsi dire, tracé le plan tout entier de la forêt de Fontainebleau à l'usage des touristes. Cet homme, ce digne homme, ce faune, ce sylvain, a toujours vécu comme le plus heureux des mortels, jusqu'au jour où les canons prussiens ont tracé leurs ornières à travers ces sentiers qui ne connaissaient que les robes claires des promeneuses ou les chapeaux de paille, les chevalets et les *baluchons* des peintres.

Quand je voulais, jadis, oublier un peu la vie de tous les jours, la tâche quotidienne, le monde de la polémique ou celui des *premières*, je partais en hâte pour ce coin de France. Dans la saison où le temps, à Paris, se fait spongieux, triste, enrhumé, plein de brouillard, ces bois profonds où, quand on était seul, on n'entendait que le bruit criard des feuilles sèches foulées aux pieds, ces bois pleins déjà d'une solitude mystérieuse vous consolaient, vous rafraîchissaient le front et les idées. Comme on restait, avec plaisir, durant de longues heures, appuyé contre un arbre, regardant le fond indistinct des allées, l'horizon déjà brumeux, ou encore l'œil fixé sur quelque mince branchette flétrie qui tournoyait au bout d'un fil d'araignée, et l'oreille percevant à peine le craquement d'une écorce ou d'une feuille jaune qui tombait !

Puis, l'heure du repas arrivée, comme on se hâtait pour courir à la seule auberge qui existât alors, et où l'on se retrouvait, chaque soir, à la même place, au retour de la promenade *en forêt !* On mangeait ; non, on dévorait, dans des assiettes en faïence, et les petits paysans, collant leurs joues fraîches aux vitres de la fenêtre, regardaient ces festins, et en voyant tant de fourchettes d'étain découper tant d'omelettes, ils s'écriaient parfois :

— *Comme ils sont riches !*

Un grand feu clair brillait dans la cheminée que Gérôme, au temps jadis, avait ornée de fresques curieuses, dans le goût étrusque. Aux murailles, le *Repas des peintres de Barbizon*, par mon vieil ami Charles Jacque, les paysages de Diaz ou de Français, et les *moutons* de Brendel, servaient d'ornements à la grande salle. Sur le piano, rendu poussif par tant de prix de Rome successifs qui avaient joué là leur première cantate, un album traînait, où Gustave Mathieu, de sa grande écriture lapidaire, avait tracé, non des *vers adulatifs*, comme disait Guy Patin, mais des *vers rustiques*, et où des plaisants de passage s'étaient divertis, à leur tour, à écrire une prose rurale.

C'était là, dans cet album, qu'on pouvait lire (texte original) la fameuse *Complainte de Barbizon*, que nulle anthologie n'a recueillie encore — et dont le refrain, sur l'*air de Fualdès*, a retenti tant de fois sous les grands arbres du *Bas-Bréau* ou dans la *gorge de Franchard* :

Ces peintres de Barbizon
Ont des barbes de bison.

Elle passait en revue, cette complainte fameuse, tous les hôtes de l'auberge, tous ceux qui l'avaient illustrée, « en y mangeant du veau ».

Français, à la barbe raide,
A peint du vert et du bleu !

Et Français n'était pas le seul qui figurât dans ces couplets :

On y voit des pétarades
De Diaz de la Peña,
Des fagots verts ousqu'y a
Des jaunes d'œufs en marmelade.
Ces peintres de Barbizon
Ont des barbes de bison !

Qui s'était amusé à rimer ces folies? Personne, et tout le monde! De futurs membres de l'Institut ont collaboré gaîment à cette œuvre de rapins en vacances. Mais tel couplet qui peint exactement et spécialement les souffrances des paysagistes à l'étude semblerait indiquer que la *complainte* fut l'œuvre de quelque collègue de Rousseau et de Corot :

Les piocheurs plantant leur tente
Dans des chemins pas trop doux
Plant'nt leur pique dans les cailloux ;
Les cailloux piquent leur plante !
La plante des pieds qu'ils ont
N'vaut pas celle des bisons !

C'est du vieux Barbizon que je parle. Barbizon aujourd'hui est bien changé. C'est plus et moins qu'un village : c'est une petite ville. Beaucoup de ses hôtes en sont partis, comme Charles Jacque; d'autres y sont demeurés, comme Millet, qui y repose; d'autres ont remplacé par des maisons bourgeoises et des villas élégantes les fermes encombrées de faïences et de bahuts Henri II d'autrefois. C'est là le progrès. J'aurais mauvaise grâce à le combattre, mais j'aimais autant l'ancien Barbizon artistique et inconnu.

On y fait maintenant des expositions d'art, et

les dames de Melun y viennent, en été, la lorgnette à la main. Des chars-à-bancs et des coupés s'arrêtent à la porte de l'*Hôtel de l'Exposition*, chez Siron, chez Luniot-Ganne, ou encore chez la mère Girault. Mais le Barbizon sans façon de notre jeunesse, de nos grands rires, de nos promenades d'écoliers échappés à travers l'allée aux vaches; la forêt de nos dîners sous les arbres du *Dormoir*, à l'endroit même où parfois, tandis que *la cour*, celle des Tuileries, dansait agrestement, la brillante musique des guides jouait l'air : *Plus on est de fous, plus on rit*, cette forêt, ce Barbizon, n'ont-ils pas disparu avant même qu'on en abatte les arbres et qu'on en détruise les allées ?

J'avais à Barbizon — et j'y ai encore, Dieu merci — un ami qui a failli payé cher, au moment de la guerre, sa qualité de franc *barbisonien* et son humeur de bon Français. C'est l'auteur de la *Barbizonnière*, le peintre Ferdinand Chaigneau, dont le public et la critique ont, chaque année, apprécié avec un plaisir grandissant les remarquables paysages, les moutons en plaine ou les dessous de bois. Peu s'en fallut que Ferdinand Chaigneau et un artiste du village, M. Gassies, ne fussent mis à mort et fusillés net par les Prussiens.

Le 16 janvier 1871, la poste prussienne avait été

attaquée en forêt et prise par les francs-tireurs dans les environs de Bois-le-Roy. Qui les avait aidés à cela ? Peut-être le légendaire Brûle-Poussier, cet épique bohême, ce rôdeur héroïque qui allait, dans Melun occupé par les Allemands, prendre des voitures de fourrages aux Prussiens et les ramenait aux Français. Toujours est-il que les fils télégraphiques avaient été coupés, un homme tué, deux chevaux blessés. Le lendemain, ces mêmes francs-tireurs devaient être surpris à leur tour, dans leur camp, au *Cabinet-de-Monseigneur ;* et, sur le point d'être cernés, ils avaient abandonné leurs sacs, dans l'un desquels fut trouvée une lettre du secrétaire de *l'ambulance de Barbizon*, M. G. Gassies.

M. Gassies offrait, par cet écrit, au nom du Comité, des secours aux soldats malades ou blessés.

Une telle lettre, — les francs-tireurs n'étant point considérés comme des soldats, — était, aux yeux des Prussiens, un abominable crime. Cent à cent cinquante hommes de la landwehr furent envoyés aussitôt à Barbizon, et, renseignements pris dans le village même, ils cernèrent la maison de M. Gassies et de M. Chaigneau, qui, lui aussi, faisait partie de l'ambulance, et, en dépit de la convention de Genève, s'emparèrent sur-le-champ des deux peintres.

On conduisit Chaigneau dans la rue du village, contre un mur ; le peloton se plaça en face de lui ; on arma les fusils ; on le mit en joue, et... Mais ce n'était là qu'une plaisanterie à la prussienne. On se contenta de traîner les deux artistes à Fontainebleau, par ces routes où le verglas faisait glisser les prisonniers que les Allemands remettaient aussitôt debout à coups de crosse dans le dos. Ferdinand Chaigneau entendait, à tout propos, sur son passage, répéter ce nom de *franc-tireur*, qui, sur des lèvres allemandes, équivalait alors à un arrêt de mort.

Il faut tout dire. Le peintre était en effet coupable de patriotisme. Il avait soigné chez lui les francs-tireurs du 1er bataillon de la Seine (École Turgot) ; il avait mis à la disposition de la municipalité une maison qu'il faisait construire ; il y avait logé une patrouille de gardes-nationaux, et, — s'il faut l'avouer, — au besoin, en compagnie d'anciens soldats et de deux artistes résolus, il était allé, du côté des Prussiens, un fusil au bras, en embuscade.

C'était se désigner soi-même à la haine des paysans et d'un pays où un maire français des environs percevait les contributions au nom du gouverneur général allemand établi à Reims.

Gassies et Ferdinand Chaigneau demeurèrent

ainsi détenus dans le château de Fontainebleau, à peine interrogés, menacés de mort et mis au secret pendant trois longues et cruelles semaines. L'armistice était signé depuis *vingt-trois jours* lorsqu'on vint les avertir, un beau matin, que le quartier général décidait qu'il n'y avait pas lieu à poursuivre. En conséquence, ils étaient libres.

Coupable d'avoir fait son devoir, mon vieux et brave camarade Ferdinand Chaigneau n'en fut ni plus fier ni plus avancé, et, reprenant son pinceau, il revint à ses moutons, comme l'Agnelet de l'*Avocat Pathelin*, et à sa chère forêt de Fontainebleau qu'on veut abattre.

Reconnaissons d'ailleurs, encore une fois, à propos de cet abattis projeté, qu'il est bien difficile de contenter tout le monde et son père.

Il y a vingt ou vingt-cinq ans, les admirables *gorges d'Apremont* étaient, par exemple, sans arbres et nues. Des rochers lépreux, des bruyères, quelques petits vieux chênes rabougris ; çà et là, de rares et maigres bouleaux pour rompre la monotonie de l'ensemble par une petite note vert clair au printemps ou jaune d'or à l'automne. C'était tout, et c'était superbe. La sauvagerie du lieu le rendait admirable. Diaz le savait bien, et Théodore Rousseau ne l'ignorait pas. Ils ont là, dans ce désert, commencé l'un et l'autre, et trouvé plus d'un chef-d'œuvre.

Aussi bien, lorsqu'en cet endroit on sema des pins, ce fut parmi les peintres effarés — les peintres de Barbizon — un concert de malédictions et de colères. « O désolation ! comment, à l'avenir, ferait-on du paysage ? » Cependant, les pins grandirent. Le désert se peupla. Les arbres forment maintenant des bouquets bien groupés autour des hautes roches ; ils sont bien sans doute un peu drus, mais le vent se charge parfois d'en abattre quelques-uns, sans compter l'administration de la forêt, qui éclaircit ces fourrés de temps à autre. Et lorsqu'on voudra abattre ces arbres, on poussera les mêmes cris, sans doute, que lorsqu'on les a plantés. Faut-il en conclure que la nature est toujours belle, et qu'à moins d'une volonté bien arrêtée d'enlaidir, il sera bien difficile de gâter la forêt au point que les artistes n'y trouvent rien à *prendre* ni à *rendre* ?

« Bah ! m'écrit un ami, — un Barbizonien, — qu'on nous laisse seulement les vieux arbres morts ou mourants, les tordus, les mal faits, ceux qui ne valent rien ; qu'on ne casse pas trop de roches dans les beaux endroits, et, vive Dieu ! nous serons bien difficiles, si nous ne trouvons pas encore là assez de *motifs* pour remplir la vie de dix paysagistes! »

N'importe, plaidons la cause des vieux arbres, des bois profonds, de la grande forêt superbe. Que si ce n'est pas pour les peintres qu'on la garde, que ce soit au moins pour les poètes qui vont y rêver et pour les oiseaux qui vont y nicher au temps printanier des mois bleus et roses!

Il n'y a pas tant de poésie au monde pour qu'on en fasse ainsi brutalement des bûches et des *falourdes*.

VII

LE COMMANDANT BRASSEUR

LE COMMANDANT BRASSEUR

L'excellent sculpteur Franceschi a sculpté, dans un des deux bas-reliefs du monument funèbre élevé au Bourget, la figure robuste et militaire d'un homme qui, debout derrière une barricade attaquée par la masse noire des Prussiens, encourage, le sabre en main, une poignée de combattants et dispute à l'ennemi le tas de pavés qui défend l'entrée du village.

Cet homme, grand, solide, la moustache et la barbiche longues, vrai type du soldat français, mâle avec un bon sourire, se détache du groupe qu'il excite au combat, comme la personnification même du commandement et de la volonté. Des voltigeurs et des grenadiers de l'ex-garde, des mobiles, intrépides quoique à leur premier coup de feu, se pressent aux côtés de leur chef, et, du fusil chargé, de la baïonnette ou de la crosse, résistent avec une rage acharnée à la foule hurlante des ennemis. Le sculpteur a rendu aux héroïques marins qui combattirent, le 21 décembre, au Bourget, l'hommage mérité de les confondre, quoiqu'ils fussent absents alors, avec les soldats qui moururent dans la journée du 30 octobre. On les voit, ces fusiliers marins, grimpant sur les pavés comme à l'abordage et, superbes, mêlant l'éclair de leur hache aux détonations des chassepots.

L'homme qui les commande est le commandant E. Brasseur. Il était, au Bourget, le véritable chef des troupes formées du dépôt des divers régiments de l'ex-garde, grenadiers et voltigeurs. Lorsque, dans la nuit du 27 au 28 octobre 1870, trois cents francs-tireurs eurent surpris et délogé des maisons les Prussiens qui occupaient le Bourget, on envoya pour tenir cette importante position qui, désormais, nous semblait acquise, un régiment de mobiles de la Seine et deux demi-bataillons du 28ᵉ et du 34ᵉ de marche. Vainement, dans la journée du 28 octobre, les Prussiens essayèrent de reprendre le

Bourget. Vainement encore, durant la journée du 29, ils bombardèrent les maisons où maintenant s'étaient établis le 12e bataillon de mobiles de la Seine (commandant Baroche) et les troupes du commandant Brasseur. Le terrain nous restait, et 3,000 hommes de notre armée de Paris avaient reçu, sans broncher, le feu de quarante pièces de canon qui, en neuf heures, avaient lancé près de deux mille obus.

Le 30 octobre 1870 était un dimanche. Ce soir même, on donnait, à la Porte-Saint-Martin, une représentation au bénéfice de la caisse de secours d'un bataillon. Je n'oublierai jamais cette soirée lugubre. Un poids de plomb semblait peser sur les poitrines. Au-dedans, dans la salle sombre, mal éclairée, on était silencieux, non pas recueilli, mais accablé. Au dehors, sur les boulevards, dans les groupes, une vague inquiétude planait, une sourde agitation fermentait. — On entendait encore ces mots tant de fois prononcés depuis trois mois : *Surprise*, *retraite*, *défaite*. On répétait avec angoisse ce nom qu'on prononçait la veille avec une gaieté orgueilleuse : *le Bourget !*

Le Bourget ! Ceux qui étaient à Paris durant le siège savent tout ce que ces quelques syllabes contenaient à la fois d'espoirs, de colères, d'étonnements et de rages. Qu'était-ce donc que cette bicoque contre laquelle allaient désespérément, vainement, se heurter les plus fiers courages? Comment! le Bourget était repris? Les Prussiens nous l'avaient arraché? La Grand'Rue du village était pleine de nos morts? Quelle fureur! Quelle honte! Et, déjà, les esprits s'exaltaient, et les groupes devenaient plus bruyants, passant de la stupeur à la fureur, et de l'anxiété à la menace...

Or, à cette même heure, de longues files de prisonniers, de ceux qui, le matin, avaient défendu pied à pied et, on peut le dire, pierre à pierre, le Bourget, des files lamentables de nos soldats harassés, affamés ou blessés, s'acheminaient, sous la pluie, du côté de Gonesse, entre deux rangées sombres de cavaliers prussiens.

Pauvres gens! On devait les accuser bientôt d'avoir *manqué de vigilance* et de s'être laissés surprendre quand, au contraire, pendant quelques heures du combat le plus acharné que vit la banlieue de Paris, ils s'étaient mesurés avec les plus aguerris des soldats de l'armée prussienne, et leur avaient résisté *un contre douze*.

On ne connaît pas assez ces luttes épiques, qu'enveloppe encore, comme un brouillard, le voile noir de la défaite. Ce sont les ennemis, ce sont les Allemands qui nous ont appris la valeur même des nôtres. Dans cette funeste et glorieuse journée du Bourget, 1,500 Français seulement tinrent en échec plus de 18,000 assaillants, traînant après eux quarante-huit pièces de canon.

Après avoir travaillé toute la nuit à fortifier le Bourget, le matin vers six heures, nos soldats virent, du côté de Blanc-Mesnil, s'avancer, à l'abri de l'artillerie, les colonnes prussiennes. Une panique s'empara d'une partie de la troupe qui, se débandant, rentra à Saint-Denis par la voie du chemin de fer. Sur 3,000 hommes, il n'en restait que 1,500, ceux dont j'ai parlé, lorsque les canons prussiens ouvrirent le feu. Il était sept heures et demie du matin. Que si, dès ce moment, on avait envoyé, de Paris, de l'artillerie pour soutenir les défenseurs du Bourget, les Prussiens se fussent brisés contre la barricade qui occupait la Grand'Rue et les murs crénelés des maisons.

Les deux commandants demeurés là étaient M. Ernest Baroche et le commandant E. Brasseur.

La mort glorieuse du commandant Baroche figure, admirée, sur le monument du Bourget. Mais la résistance du commandant Brasseur derrière la barricade de la Grand'Rue n'en est pas moins le fait d'armes qui domine tout le combat.

Le Bourget, qui fut tourné vers dix heures et demie, pouvait être défendu, à droite, par 400 tirailleurs postés dans le lit presque à sec de la Molette, et abrités derrière les saules de la rive. Ces tirailleurs appartenaient aussi au dépôt de l'ancienne garde. Comment cette petite troupe laissa-t-elle passer l'ennemi et lui permit-elle de tourner le Bourget ? Ces tristes journées ont de ces fatalités où une seule minute compromet toute une bataille. Le commandant Brasseur, le premier au danger, défendait la barricade. Les balles françaises pleuvaient sur les Allemands qui reculaient. Ces soldats de la garde prussienne (régiment Reine-Elisabeth et régiment Reine-Augusta) voyaient leurs morts s'amonceler devant les pavés. Deux colonels furent tués là, agitant leur drapeau pour entraîner leurs hommes. Il fallut que le général von Budritski, descendant de cheval, saisît lui-même l'étendard pour enlever ses grenadiers.

Feu toujours ! s'écriait le commandant Brasseur.

A dix heures et demie, la barricade tenait encore. Du secours arrivant de Paris, même à une telle heure, et le Bourget restait à nous !

Mais quoi ! bientôt on était tourné, tourné à droite et à gauche. Les défenseurs de la barricade décimés ne restaient plus qu'une poignée. Les masses noires des Prussiens allaient bientôt couronner ce tas sanglant de pavés. Alors, sous une grêle de balles, sous une fusillade infernale, le commandant Brasseur bat en retraite froidement, lentement, tandis qu'à ses côtés les hommes tombent comme les fruits d'un arbre qu'on secoue.

Une balle vint trouer le képi du commandant et, lui rasant le crâne, emporta la peau et la chevelure.

— Résistons toujours ! criait-il.

Et, suivi de six ou sept officiers et d'une trentaine de voltigeurs, il se jette dans une maison de la Grand'Rue, à gauche, du côté de l'église, et justement en face de celle où s'était retranché Baroche, faisant lui-même le coup de fusil.

La résistance de ces quelques braves, entourés par un flot d'ennemis, devait montrer ce que peut une poignée de soldats décidés à mourir. De tous les étages du logis, les coups de feu pleuvaient sur les Prussiens. Pour arriver jusqu'aux maisons, les Allemands se servaient de la sape. Ils enserraient dans un cercle de fer ces murailles derrière lesquelles se défendaient quelques désespérés. Le commandant Brasseur apercevait, par les fenêtres, le commandant Baroche, déjà blessé à la tête, et, l'épouvantable bruit de la fusillade couvrant toute voix humaine, il correspondait par signes avec lui.

On se sentait perdu, abandonné, débordé par une masse hurlante d'ennemis. Pas un seul de ces soldats laissés sans secours ne parlait de jeter ses armes. Feu partout, feu toujours! Le commandant Brasseur avait fait monter sur le toit de la maison un homme, un franc-tireur qui, anxieusement, interrogeait la plaine, là-bas, du côté de Saint-Denis et de Paris. De temps à autre, ce guetteur descendait, tout pâle. « Eh! bien? — Rien, on ne voit rien. Ils ne viennent pas. — Qu'importe! Luttons encore! Ils viendront. ».

Et, comme sœur Anne, le pauvre homme remontait à son poste d'observation, au sommet du toit, dans un essaim de balles, — et les compagnons continuaient à se battre.

Les voltigeurs tombaient sur le plancher, où leur sang traçait des rigoles. Les autres prenaient les cartouches des morts. Aucun ne disait : Rendons-nous!

Tout à coup le commandant Brasseur entendit, parmi la fusillade, le signal de trompette : *Cessez le feu!* C'était un clairon de mobiles qui prenait sur lui d'arrêter le combat. Il était loin. On l'eût, sans cela, fait fusiller sur place.

— N'écoutez pas, criait le commandant, essayant

d'étouffer sous sa voix le clairon... Tirez ! tirez toujours !

Et, d'étage en étage, il allait, encourageant ces braves, qui n'avaient pas besoin d'être encouragés.

Le moment vint cependant où tenir plus longtemps était impossible. A quoi bon ? Tout était perdu. C'était folie. Le Bourget appartenait à ces dix-huit mille Allemands qui venaient, — après quelle lutte ! — de triompher de quinze cents hommes. Le commandant Brasseur envoie une dernière fois la vedette interroger la plaine. La plaine est vide. Rien ne bouge. Rien ne vient. Tout est muet. On est bien seul.

— Cessez le feu ! dit, à son tour, le commandant avec rage.

Et il descend, s'avouant vaincu, lui et ses vingt ou trente hommes, et se rendant à un sous-officier du régiment Kaiser-Franz.

Mais les 1,500 défenseurs du Bourget, voltigeurs de la garde ou enfants de Paris, avaient fait essuyer aux Prussiens des pertes effroyables. Dans cette terrible journée, tout Français, on peut le dire, avait blessé ou tué deux Allemands. Les assaillants laissaient dans ces rues encombrées de débris : deux colonels, un major, un porte-drapeau, trente-six officiers et plus de 3,000 hommes.

Les chiffres, ici, disent tout.

Au moment où M. Brasseur se rendait à un sous-officier, un dernier coup de feu, parti de la maison d'où sortait le commandant, abattait net, au milieu de la rue, un soldat allemand.

Furieux, menaçant, un officier prussien bondit aussitôt vers M. Brasseur et, d'une voix irritée, après lui avoir demandé son épée :

— C'est une trahison, un assassinat ! Qui êtes-vous, vous ?

— Je suis le commandant !

L'officier prussien dit alors quelques mots en allemand à des soldats qui, entourant aussitôt le commandant, l'entraînèrent vers l'église. Ce qu'ils allaient faire, le commandant le savait bien : ils allaient le fusiller. Calme, intrépide, n'ayant au cœur que la sourde rage de la défaite, ce soldat allait apprendre à l'ennemi comment tombe un brave ; il détachait déjà sa croix, se préparant à la donner (dernier souvenir pour les siens) à un compagnon d'armes, lorsque le sous-officier, accourant, expliqua que le commandant s'était rendu avant ce dernier coup de feu et qu'il avait fait cesser, dans la maison, toute fusillade. Cette intervention sauva le commandant Brasseur.

Les Prussiens s'en vengèrent en abîmant à coups

de crosse les malheureux voltigeurs, à mesure qu'ils sortaient du logis où ils venaient de se défendre si bravement.

Quant au commandant, un officier prussien, toujours généreux, vint froidement lui dire :

— *Vous savez que Metz est pris !*

La patriotique souffrance fut d'autant plus grande pour ce soldat, qu'il est né à Metz et que, coup sur coup, comme un deuil sur un autre deuil, il recevait au cœur deux atroces blessures.

Le prince de Wurtemberg renvoya bientôt et rendit du moins, en signe d'hommage, l'épée qu'on avait prise au commandant Brasseur.

Lorsqu'il parle de ces jours de bataille, le commandant, aujourd'hui retraité — et où cela ? aux Invalides — n'oublie que lui-même dans ses récits et n'a de souvenirs que pour ceux qui ont combattu à ses côtés ou pour les braves gens qui l'ont secouru quand il était captif.

Et quelle odyssée lugubre que celle de ce voyage à pied, du Bourget à Château-Thierry, et de là, en wagon, à Erfurth ! Marcher entre les pistolets chargés des cavaliers, faire trente-six kilomètres par jour, sous la pluie, dans la boue, l'estomac vide, les jambes raides. A la première halte, un morceau de graisse ou de lard cru ! Puis les bataillons allemands en marche vers Paris qu'on rencontrait et qui, sur le passage des prisonniers, s'écriaient, en levant les bras : *Metz, capout !* Et les ruines vues en passant, et les douleurs coudoyées, et toute cette France en proie à l'étranger, qu'on traversait et qu'on regardait avec des larmes ! Et les brutalités des soldats, le manque de nourriture, et la misère qui venait !

Une seule fois, un officier prussien, le capitaine Frédéric de Wilchstentein, des dragons de la garde prussienne, dit au commandant :

— Je ne suis pas riche, mais j'ai quelque argent sur moi ; si vous voulez, nous partagerons !

Le commandant remercia et refusa.

On rencontrait pourtant de bonnes âmes sur cette route triste comme un calvaire. Excepté dans la banlieue de Paris, où les paysans insultaient les captifs, les paysans apportaient des fruits, des morceaux de pain, du vin et, n'osant pas crier : *Vive la France !* agitaient leurs mouchoirs et disaient : *Revenez vite !*

Entre Gonesse et Château-Thierry, à Lizy, le commandant Brasseur fut logé chez un curé, un brave homme, d'une cinquantaine d'années, qui, après avoir servi aux prisonniers un bon repas, leur donna son lit. Le lendemain, le commandant cherchait ses chaussures, lourdes encore de la boue du champ de bataille. Il les retrouva à sa porte, toutes luisantes. Le curé s'était levé avant le jour pour les cirer.

Il faudrait faire connaître tous ces dévoûments humbles et admirables : le percepteur de Lizy donnant le peu d'argent qu'il avait; la municipalité de Château-Thierry tout entière s'offrant de même; le gardien de la prison où les captifs étaient logés raccommodant les vêtements en lambeaux de ses soldats; les sœurs de charité, à Dammartin, cachant sous leurs tabliers les bouteilles de vin qu'elles apportaient aux prisonniers ; M. Demeufve, notaire à Nancy, donnant à tous des chemises, des caleçons, des bas et 2,000 francs de son argent; à Nancy encore, la famille Erkmann, le père contrôleur du chemin de fer, logé à la gare, sa femme et ses quatre filles, veillant jour et nuit sur les prisonniers ou les blessés qui passaient, leur donnant tout, demeurant appauvris par leur charité et sanctifiés par leur dévoûment. Voilà qui console les vaincus, qui réconforte et fait pardonner à l'humanité bien de ses lâchetés courantes !

Il faut entendre les combattants du Bourget : le brave capitaine O'zou de Verrie ou M. Henri Vallée, des francs-tireurs, raconter ainsi ces souvenirs héroïques ou touchants. On se sent meilleur, et on se dit qu'après tout la France vaincue n'était cependant pas indigne de vaincre et qu'elle sait encore enfanter des hommes.

Parmi ceux-là, nul certes n'est plus digne d'admiration et d'estime que ce commandant Brasseur dont le bronze a perpétué à jamais le courage. Héros sans pose et sans phrase, qui n'a pas eu d'avancement, qui n'en a point demandé, qui ne demande rien, et qui dit, lorsqu'on lui parle de ces journées de deuil et de gloire :

— Je n'ai fait que ce qu'ont fait les autres !

Et il dit vrai, car le commandant Brasseur est le type de ces officiers intrépides de notre armée française qui, de Wissembourg au Mans, et de Wœrth à Paris, sont morts simplement pour l'honneur du pays et l'intégrité de la patrie !

Tous les ans, au jour de l'an, je reçois une carte : *Le commandant E. Brasseur, Hôtel des Invalides.* — Il est demeuré commandant. Il n'a rien gagné à être un héros, rien qu'un coin où mourir, mais du moins la certitude de survivre.

VIII

FERNAND MARAIS

FERNAND MARAIS

Les journaux racontèrent, un jour d'avril 1872, qu'on trouva près de Bercy le corps d'un capitaine du génie, encore enfermé dans un appareil à plongeur, et depuis longtemps putréfié. Le récit de cette découverte d'un cadavre était mensonger ; mais ce qui est certain, c'est que plus d'un, pendant le siège de Paris, paya de sa vie l'entreprise de venir à travers les lignes prussiennes donner à la capitale des nouvelles de la France.

Je ne sais rien de plus touchant et mieux fait pour inspirer l'admiration que ces obscurs dévoûments de braves gens qui, préférant le sacrifice dans l'ombre et le brouillard au danger glorieux, en pleine lumière, acceptent de traverser ainsi les lignes d'une armée, les eaux glacées d'un fleuve, les dangers que même des compatriotes peuvent leur faire courir, et, porteurs d'une parole d'espoir pour une ville assiégée, risquent leur vie sans fracas et meurent sans cri, dans un héroïsme obscur.

Je m'imaginais, en lisant le récit apocryphe de la découverte du cadavre, cette terrible scène de la nuit d'hiver où ce soldat, enveloppé dans son costume de plongeur, portant sur sa poitrine, dans un papier goudronné et un portefeuille de cuir, les dépêches de l'armée de la Loire, s'était jeté à l'eau, rompant d'un coup de sabre ou de couteau le filet tendu par les Prussiens au travers de la Seine. Louis Legrand, nous disait-on, était né à Choisy-le-Roi, à l'endroit même où il venait, après avoir traversé l'Orléanais, tenter l'aventure. Il connaissait le pays, les rives du fleuve ; il était certain d'arriver à Paris. Pauvre homme ! il plonge, il se dirige vers la ville bloquée, il va atteindre la Gare-aux-Bœufs. A quelques centaines de mètres de là sont les grand'gardes françaises. Un grondement lugubre, mais qui paraît joyeux au capitaine, retentit à des intervalles fréquents. C'est le canon de Paris ; c'est le halètement farouche, la respiration menaçante de la France qui ne veut pas mourir.

Encore une heure, et le capitaine serrera des mains amies, apportera au commandant en chef les nouvelles de la patrie. Il sort de l'eau ; il va se dégager sans doute de ce vêtement, du *scaphandre* qui l'enveloppe ; il apparaît au-dessus du fleuve. Des chiens aboient à cette ombre noire émergeant de l'eau. Des coups de feu rayent brutalement les ténèbres. Le *tac* effrayant des balles frappant un corps humain se fait entendre dans la nuit, et l'eau sombre, l'eau glacée, engloutit avec son bruit sourd le capitaine blessé à mort.

Oh ! l'agonie atroce, impitoyable, l'agonie sous le fleuve, avec cet appareil maintenant troué de plongeur, où l'eau pénètre et le gonfle, où elle se mêle au sang qui coule ; l'agonie sans cris, sans plainte et sans espoir ; la main crispée et impuissante qui presse la boîte goudronnée où sont les dépêches de la France à la France ; le râle étouffé par la gorgée glacée ; le dernier effort, le bras qui se débat dans l'eau glauque, enlacé par les roseaux et les herbes visqueuses ; la dernière pensée du soldat qui touchait au but, de l'esclave du devoir qui tenait déjà le triomphe ; tout cela, tout cet horrible drame de souffrances physiques et de tortures morales éteint dans un coin de Seine, au loin, dans le brouillard, et faisant moins de bruit dans l'immensité que le cri d'un enfant qui pleure !...

Quelle épouvante ! Et si la mort du capitaine Legrand fut une invention de reporter, qui dira les noms véritables de tant d'autres inconnus qui ont vraiment succombé ainsi, et dont le souvenir est à jamais gravé dans la mémoire des hommes ?

Sans doute le sacrifice n'est pas rare dans les rangs de cette brave armée de France, cordiale à l'ennemi dans la victoire, digne devant le vainqueur dans la défaite. Mais ce n'est pas là une raison pour ne point célébrer, comme ils le méritent, ces dévoûments admirables, et pour ne point les mettre d'autant plus en lumière qu'ils sont plus inconnus. A quoi servirait donc cet outil, la plume, — dont quelques-uns font un stylet, — si l'on n'en faisait aussi un instrument de consolation et de justice ? On a assez écrit de romans et composé de *nouvelles* avec les sombres souvenirs de l'invasion ; ce que je recueille ce sont des faits ; ce que je raconte c'est de l'histoire.

Je pense en écrivant ces lignes à un jeune homme, âgé de vingt-sept à vingt-huit ans aujourd'hui, brun, l'air doux et franc, l'œil bleu, presque timide, Parisien avec une sorte de physionomie castillane, la voix assurée, mais, comme toute sa personne, sans bravade, — et qui, durant le siège de Paris, accomplit, sans effroi et sans récompense, l'œuvre que les balles des fusils Dreyse empêchèrent tant d'autres de mener à bonne fin.

Celui-là s'appelait — il s'appelle — Fernand Marais. Puisque nous avons célébré les morts, n'oublions pas du moins le vivant. Né à Paris, Marais, employé de commerce, était à Londres au moment de la guerre, et il venait d'y épouser une femme aimée. Marié depuis neuf jours seulement lorsque la nouvelle de la capitulation de Sedan tomba en Angleterre comme un coup de tonnerre, hélas ! précédé d'autres coups de foudre : « Allons ! dit Marais à sa femme, le devoir est à Paris. » Il embrassa la compagne de sa vie ; il monta en wagon. Le 9 septembre, il était nommé sous-lieutenant du bataillon des francs-tireurs de Seine-et-Marne qu'organisait M. Horace de Choiseul. Le 15, avec un petit nombre d'hommes, il quittait Paris, escortant un convoi de munitions et d'armes qui traversait bientôt Melun quelques heures à peine avant l'arrivée de l'avant-garde prussienne.

Le convoi arrivé au but, la petite troupe se jeta, suivie de volontaires du pays, dans la forêt de Fontainebleau, déjà occupée par des groupes de francs-tireurs. On se battit souvent avec acharnement dans ces gorges, ces défilés et ces rochers. Ces braves gens tinrent deux mois et demi en échec un ennemi souvent nombreux, et la *guerilla* coûta cher aux soldats d'Allemagne.

Au carrefour de l'Épine, une fois, les francs-tireurs, — cernés par cinq cents cavaliers wurtembergeois renforcés de trois ou quatre cents fantassins, — usèrent de la tactique allemande, et laissant d'abord approcher la troupe sans faire feu, la fusillèrent ensuite à bonne portée, couchant à terre soixante-six Allemands et jetant la panique dans le reste de la troupe. On ne délogea les francs-tireurs de leurs rochers qu'avec l'avant-garde de l'armée de Frédéric-Charles. Cette fois, les Allemands étaient nombreux et traînaient avec eux des canons. La petite troupe, débusquée par un régiment, traquée au fond des rochers, poursuivie à travers les plaines, paya presque tout entière de sa vie sa longue et intrépide résistance. On fusilla ceux qu'on fit prisonniers. Quelques-uns s'échappèrent. Fernand Marais était de ceux-là.

A Nemours, où il arriva avec de rares compagnons, le brave sous-lieutenant enrôla dans sa troupe des jeunes gens des environs, et ce petit groupe se fondit volontairement dans un régiment des mobilisés de Seine-et-Marne. On délégua justement Marais pour aller à Tours demander des armes. Sa mission terminée, il entendit répéter, çà et là, dans les rues de Tours, que le ministère demandait des passagers pour traverser les lignes prussiennes et pénétrer dans Paris. Marais connaissait les environs, la banlieue : il s'offrit.

Gambetta, qui le reçut, le regarda un moment avec hésitation :

— Vous êtes bien jeune, lui dit-il, pour accomplir une telle entreprise !

— Et vous-même, monsieur le ministre, n'êtes-vous pas bien jeune pour accomplir la vôtre ?

Le ton dont il parla était celui d'un homme. Gambetta lui confia des dépêches officielles et lui souhaita d'arriver au port.

On écrirait tout un volume émouvant avec l'odyssée à la fois tragique et touchante de ces porteurs de nouvelles à travers la France envahie. Le danger partout, partout le soupçon, le péril et la mort. Mais le cœur bat, mais le devoir parle, mais il semble qu'on n'entende qu'une voix : l'appel du pays, le sanglot de la patrie. Et on marche toujours, messager volontaire !

Arrêté une fois par les Français, sur la dénonciation d'un aubergiste, et conduit devant un colonel de mobiles, Marais montre son laisser-passer, signé *Gambetta*, et son portrait timbré du ministère de la guerre. Mais qui répondait de l'authenticité de l'écriture ? Le colonel et les officiers présents, ne connaissant pas la signature de Gambetta, déclarent qu'ils ne peuvent considérer le laisser-passer comme authentique. On place Fernand Marais, comme un malfaiteur, entre plusieurs gardes mobiles le fusil chargé, avec l'ordre de briser la tête au prisonnier s'il tente de s'échapper ; on le conduit à travers les lignes jusqu'à ce qu'on ait trouvé un général. Devant l'officier supérieur, Marais s'explique. Le général le regarde droit dans les prunelles et le laisse libre.

Le messager arrive à Montargis ; avant peu, il sera dans les lignes prussiennes. Il laisse chez un brave mécanicien qui le loge son laisser-passer et son révolver, et cache alors ses dépêches officielles dans la *patte* de son pantalon. Une vieille femme, la mère du mécanicien de Montargis, découd et recoud la *patte*, et la reboucle ; puis une poignée de main, un souhait de voyage heureux, et en route !

Ce ne sont plus des Français maintenant, mais des Prussiens, que Marais rencontre. Sur sa route, pourtant, il trouve, allant au même but que lui, un autre porteur de messages venant de Tours. Les deux compagnons, un moment réunis, font route ensemble, mais le chemin n'est pas long. On les arrête. Les Prussiens fouillent les vêtements du jeune homme, décousent les boutons de ses habits, interrogent ses chaussures. Marais attend, froid et résolu. La bienheureuse *patte* n'inspire aucun soupçon aux Allemands, et le messager est sauvé. Mais l'autre, le pauvre diable, a laissé trouver ses papiers ; on l'adosse à un arbre ; on lui appuie des fusils sur la poitrine. Feu ! L'homme est mort. Qui saura jamais son nom ? Et Marais continue sa route.

Pris encore, puis relâché, s'évadant au moment où on le poursuit, à travers tant de dangers, ce héros de vingt-cinq ans parvient enfin à Versailles et s'y cache. Lui aussi, il entend le canon de Paris ! Paris ! Comment y pénétrer ? Comment s'y glisser ? Paris ! En deux heures on y peut entrer ! Quel rêve ! Paris est là !

Et, parfois, comme un paysan qui se promène, Fernand Marais approchait de Paris. Il faillit être exécuté sur place, à Ville-d'Avray. A Maisons-Laffitte, contraint de se cacher ; les Allemands firent des perquisitions, plusieurs fois, durant son séjour : il lui semblait qu'il était signalé. Blotti dans un logis désert, il attendait pourtant : il attendait le moment, le temps favorable pour traverser la Seine, ses dépêches avec lui.

Un matin, le matin d'un beau jour d'hiver sec et clair, il se sentit enfin décidé à ne pas attendre plus longtemps. Il y avait, dans la chambre qu'il occupait, un piano, piano abandonné et demeuré là ouvert, depuis le dernier été. Instinctivement, tout en rêvant aux moyens d'entrer dans la ville, Marais, qui est musicien, laissait courir ses doigts sur les touches, commençant, puis abandonnant quelque vieil air d'autrefois. Tout à coup, comme obéissant à une inspiration secrète, il exécute, nerveux et entraîné, la *Marseillaise*. L'air le secoue, l'entraîne, l'exalte. C'en est fait. Sa résolution est prise. Le voilà enflammé; coûte que coûte, dût-il mourir, il passera.

Il quitte aussitôt Maisons; on lui a indiqué, à Carrières, un vigneron, vrai cœur de patriote et de républicain, du nom populaire de Caboche. Marais va chez le vigneron.

— Je viens me cacher chez vous, dit-il, jusqu'à la nuit ; je veux entrer à Paris.

— C'est bien.

Et Caboche, qui risque aussi sa vie, le cache ainsi jusqu'au soir.

Maintenant, la nuit est venue. Fernand Marais, après s'être frotté le corps d'huile camphrée, est parvenu au bord du fleuve. Il jette à terre ses vêtements ; il coupe la patte de son pantalon et la tient entre ses dents ; puis, brusquement (oh ! ce grand Paris qu'il va revoir !), il entre dans l'eau glacée. A ce moment une patrouille prussienne longeant le fleuve arrivait de son côté, et, comme si elle eût interrogé la Seine, s'arrêtait juste devant lui, presque au-dessus de sa tête. Et cet homme, par un froid de six degrés, demeurait là, dans l'eau, immobile, sentant contre ses membres des coupures de glaçons charriés qui venaient le meurtrir.

La patrouille s'éloigne. Marais se jette à la nage, ses dépêches dans les dents ; il aborde, à travers les branches sèches et coupantes, à l'île Longue, et, traversant un petit bras de Seine où la glace était prise, frissonnant et nu, il aborde enfin sur cette rive de la banlieue parisienne qui est maintenant la frontière de France.

Une fois là, le malheureux fut pris d'une angoisse effroyable. Plus de vêtements. Il les a oubliés sur l'autre rive, et le petit sac en caoutchouc qu'il n'a pas quitté ne contient qu'une chemise. Un froid atroce et mortel, et la paralysie qui gagnait ses jambes, et la congestion qui lui montait aux tempes ! « Si je ne pouvais plus avancer ? si j'allais mourir ? » Des éclairs de feu semblaient lui traverser le cerveau, comme des pointes de fer rouge. Il avait une peur épouvantable, celle de devenir fou. Alors, par un effort exaspéré, dans cette nuit sombre, forçant ses jarrets à se plier malgré les crampes, il se mit à courir droit devant lui, se guidant seulement sur les lueurs de la canonnade qui partait du Mont-Valérien.

Ses mâchoires, contractées comme par le tétanos, serraient à les couper les dépêches de la délégation de Tours. Mais quoi ! maintenant le but était proche.

Près de Nanterre, une sentinelle des francs-tireurs de Paris (commandant Chaboud-Mollard) arrêta net, mais sans tirer, cet homme affolé qui courait ainsi. Marais, à demi-mort, est amené au poste ; on le couvre de vêtements, on lui donne des cordiaux. Le commandant le conduisit, le lendemain, au général Noël, et un officier d'ordonnance se charge de le présenter au général Trochu.

Enfin, sa mission est remplie : Paris va donc avoir des nouvelles de la France !

Non. Pas encore. Le général Schmitz est visible,

mais non le chef de l'armée. Une lettre de M. Barthélemy Saint-Hilaire, qui connaît Marais, permet seule au jeune héros de pénétrer jusqu'au gouverneur. Le général Trochu interroge le messager, lit le rapport que le messager vient de rédiger, félicite ce hardi compagnon qui vient ainsi de risquer sa vie pour la patrie qui souffre.

Et c'est tout !

Nul ne s'inquiète plus dès lors de Fernand Marais. Aucune récompense n'est venue reconnaître l'héroïque conduite de ce jeune homme, qui d'ailleurs ne demandait rien.

Sous-lieutenant aux francs-tireurs de Seine-et-Marne, il entra avec le même grade dans la compagnie de ces mêmes francs-tireurs Chaboud-Mollard qui l'avaient recueilli nu et grelottant. Puis on lui permit d'ajouter à ses galons, d'abord le galon de lieutenant, et enfin celui de capitaine. Sans souci d'autres honneurs, ce soldat improvisé avait ainsi repris son service militant aux avant-postes de Nanterre.

Je devais le voir, à Buzenval, au bas de la maison Crochard, dans la boue sanglante de ce champ de bataille de janvier, et je n'ai pas oublié la poignée de main cordiale et loyale de ce héros sans pose et sans phrases, — comme il y en eut tant qu'on ne connaîtra jamais, oubliés dans le fracas de la débâcle, — héros de la guerre nationale et prêt à se sacrifier encore aujourd'hui, sans même demander à *demain* la récompense que lui devait *hier*.

Et c'est dans de tels cœurs, humbles et fiers à la fois, que palpitait encore — invaincue et inviolée, même aux plus rudes heures de la défaite — l'âme éternelle de la France !

IX

LE SERGENT HOFF

LE SERGENT HOFF

Je l'ai revu naguères, toujours actif, résolu, vaillant, ce héros des heures terribles.

Alsacien, et par conséquent Français dans l'âme, le sergent Hoff (du 107e d'infanterie) au moment du siège de Paris, avait mis au service de sa haine contre l'ennemi de son pays un courage à toute épreuve, une énergie profonde et un tempérament de chasseur d'hommes. Il se glissait, à la tête de deux ou trois cents hommes dont on lui avait donné le commandement, jusqu'aux avant-postes prussiens, et Dieu sait le nombre d'Allemands qu'il immola à la Némésis gauloise ! Un jour, sous les yeux du général d'Exéa, il s'empara, avec ses hommes, de l'île des Loups, près Nogent, et fut décoré pour ce fait d'armes.

Fait prisonnier à la bataille de Champigny, il ne dut son salut qu'à sa prudence. Sa tête était mise à prix en Allemagne. On ne pardonnait pas au brave Ignace Hoff d'avoir tué tant de Prussiens à la fois. Il en compte, je crois, quarante-trois. Hoff eut l'idée de se faire passer pour un nommé *Wolff*, de Colmar, et quoiqu'on l'eût mis au cachot, torturé et espionné, on ne parvint pas à lui prouver qu'il était vraiment le sergent Hoff. La paix arriva; Hoff fut libre. Il avait, comme on dit, *fini son temps* depuis le 1er décembre 1870. Cependant il reprit du service et, à la tête de sa compagnie, combattit contre la Commune. Un gamin de dix ans lui cassa le bras, rue Saint-Lazare, d'un coup de Remington. Ce malheureux Hoff, qui comptait déjà onze blessures, mais moins graves que cette dernière et d'ailleurs cicatrisées, fut évacué sur Amiens. Un ami, un homme de bien, M. Degger, le tira de l'hôpital, le conduisit à Nélaton et le fit guérir.

Mais, à peine guéri, — ou plutôt à peine sauvé, car il devait demeurer toujours avec le bras inerte, — la douleur morale qu'éprouva Hoff en apprenant qu'on l'avait fait passer pour espion fut plus forte cent fois que toutes ses douleurs physiques. Il rentrait dans son pays, ce héros méconnu, pour s'entendre dire : « Ah ! oui, Hoff, cet espion prussien qui faisait semblant de tuer des Allemands et qui leur portait nos mots d'ordre ! »

Cette accusation était une pure infamie et une pure sottise. Mais les sottises risquent fort de faire leur chemin chez le peuple le plus spirituel de la terre. En dépit d'un article publié par M. d'Aunay, en dépit d'une étude complète sur Hoff écrite par M. Louis Lande dans la *Revue des Deux-Mondes*, Hoff, resta longtemps méconnu et calomnié, excepté par ceux qui ont pu juger de près cette loyale et probe nature. J'ouvrais naguère les admirables *Idylles prussiennes* de Théodore de Banville, et qu'y trouvais-je ? Une pièce de vers sur un certain *fourrier Graff*, soldat français et espion allemand, qui, pour le poète, n'est sans doute qu'un pseudonyme de Hoff. Pièce à effacer et à arracher du volume.

Le pauvre Hoff avait passé, il est vrai, du côté des Prussiens ; mais, comme je l'ai dit, en qualité de prisonnier de guerre. On le traînait en Allemagne, et il avait grand'peine à éviter le conseil de guerre qui l'attendait, les Allemands n'admettant pas que le commandant de la compagnie d'éclaireurs du 107e de ligne eût le droit d'enlever les postes avancés et de figurer avec la citation suivante du gouverneur de Paris, à l'ordre du jour de l'armée :

« *Hoff (Ignace) a tué, le 29 septembre, trois sentinelles ennemies ; a tué le 1er octobre, un officier prussien ; le 5, en embuscade avec quinze hommes, a mis en déroute une troupe d'infanterie et de cavalerie ; le 13 octobre, a tué deux cavaliers ennemis ; enfin, dans différents combats individuels, a tué vingt-sept Prussiens.* »

Les Prussiens, en revanche, promettaient 20,000 thalers à celui de leurs soldats qui tuerait Ignace Hoff. Ce sont là les ripostes féroces de la guerre. Doux et bon, Hoff l'alsacien, était sans pitié pour l'envahisseur.

Il tuait.

Hoff est cependant le plus brave mais le plus doux et le meilleur des hommes. Il s'est donné à la patrie pour la patrie, et sans autre espoir de récompense. On a voulu le faire officier. Il a refusé : « Je n'ai pas assez d'éducation ». On a voulu le faire riche, relativement. Il a refusé : « Je n'ai pas besoin d'argent ». Il avait entrepris d'aller, à travers les lignes allemandes, porter une dépêche au maréchal Bazaine. Il l'eût fait, lorsque Metz capitula. Pour toute récompense, lorsqu'en rentrant de captivité, avec son képi troué de balles — que j'ai tenu entre les mains — et sa capote criblée, on lui demanda ce qu'il voulait :

— Une capote neuve, dit le sergent.

C'est un mot digne de la Tour-d'Auvergne, et lesergent Hoff sera légendaire, lui aussi, dans l'avenir.

Cependant, la France demeura longtemps sans rien faire pour ce sergent d'Alsace qui avait tout fait pour elle.

La France l'oubliait. Un moment, Hoff guéri, mais son bras encore inerte, ne savait que devenir et voyait, après ces journées de bravoure, la misère le menacer, une misère noire. On demandait pour lui une place à l'État. La ville le nommait gardien du bois de Boulogne, puis du square du Trocadéro, où, plus d'une fois, des officiers allemands en bourgeois allaient voir de près cette *bête curieuse*, un héros. Mais là-haut, dans le vent du Trocadéro, en plein hiver, logé dans une cahute, son bras le faisait souffrir horriblement. Ce bras gonflait. Deux balles non extraites demeuraient dans le corps du soldat. Et on le laissait là, oublié, malade.

Des Anglais, à la même heure, lui offraient un grade dans l'armée des Indes. Un Barnum proposait à Hoff une rémunération de *deux livres* par jour — cinquante francs — si le sergent consentait à aller jouer aux échecs, *une heure seulement par soirée*, dans un café de Londres, dans le Straud.

— Non, répondit doucement l'Alsacien, avec son accent, non, ce n'est pas digne d'un soldat français.

Et, continuant à garder sa haine de l'étranger, il entrait, un soir, près de la porte Saint-Denis, dans une sorte de taverne où les commis allemands, revenus à Paris, se réunissaient après dîner pour chanter dans leur langue, chez nous, des chansons contre la France, et apparaissant là, tout à coup, tout seul, l'ancien chef d'une compagnie franche leur criait en allemand :

— Je suis le sergent Hoff, et si vous continuez, je vous casse ces escabeaux sur la tête !

Les chanteurs allèrent hurler ailleurs.

On avait eu l'idée de faire nommer le sergent Hoff gardien du Louvre ou gardien du musée Carnavalet. M. Jules Simon avait même promis. Le maréchal de Mac-Mahon vint au pouvoir. Alors, moi, qui, Dieu merci, n'ai jamais rien demandé pour moi, j'écrivis au nouveau président une lettre courte, mais émue, où je racontais le plus simplement possible au maréchal l'histoire du sergent

Hoff, en recommandant ce soldat méconnu au chef de l'armée. Le lendemain, le secrétaire de la présidence me répondait que note était prise de ma lettre, et cinq jours après, le sergent Hoff était nommé gardien de la colonne Vendôme.

Mais cette récompense matérielle, qui a assuré la vie de Hoff et celle de son fils, ne suffisait pas, et il est bon que la récompense morale vienne enfin pour ce modeste héros, et qu'elle vienne de l'initiative de la génération nouvelle, de cette jeunesse qui sait admirer, s'enthousiasmer, acclamer, et qu'un grand poète a si admirablement appelée *la France en fleur !*

Au reste, quoi de plus glorieux pour le sergent que cette lettre du général Le Flô, ministre de la guerre en 1870, lettre adressée à une femme de bien, femme d'un officier de notre jeune armée, et qui s'est particulièrement intéressée au brave sergent Hoff ?

« Saint-Pétersbourg, 9 mars 1873.

« Je suis vraiment confondu, madame, de la lettre que vous m'avez fait l'honneur de m'écrire relativement au sergent Hoff. Un article récent de la *Revue des Deux-Mondes* rendait assez exactement compte des rapports que j'avais eus avec un homme que je n'ai jamais eu l'idée de considérer autrement que comme un brave et vaillant soldat. Il m'avait été recommandé de la façon la plus chaleureuse par son général de division d'Exéa, et, chaque fois que je l'ai vu, il m'a touché par sa simplicité, sa modestie, et j'ajoute par son désintéressement. Il est très vrai que j'eus un jour l'idée d'en faire un officier, et qu'il fut le premier a répondre que son défaut d'instruction ne lui permettait pas d'être autre chose que sergent. Il est également vrai qu'au moment de quitter Paris pour essayer de porter une lettre de moi à M. le maréchal Bazaine, et ayant reçu la promesse d'une récompense de 20,000 fr., je crois, s'il me rapportait une réponse à cette dépêche, il me dit encore : « Merci, mon général ; mais permettez-moi de refuser toute récompense pécuniaire ; je ne veux pas d'argent. »

« Hoff avait déjà, je pense, la croix à cette époque, ou je la lui ai donnée plus tard ; je ne me rappelle pas.

« Quoi qu'il en soit, imaginer que ce soldat mutilé depuis dans nos rangs, qui pendant le siège a risqué cent fois sa vie et qui refusait mes 20,000 fr., n'ait été qu'un vulgaire ou stupide espion, c'est dépasser, ce me semble, toutes les limites de la plus sotte crédulité ou de la plus coupable calomnie.

« Veuillez agréer, etc.

« Général LE FLO. »

Et maintenant, répondra-t-on que Hoff est un espion, lorsqu'on dira — ce qui est la vérité et ce que répètera l'histoire : « *Le sergent Hoff a bien mérité de la France !* »

Il est juste d'ajouter maintenant que la France a payé sa dette au sergent. Gardien de l'Arc de Triomphe depuis 1881, il trouve là des profits qui lui donnent beaucoup plus que le nécessaire. Il fonde des sociétés de tir, il cherche et a trouvé le moyen d'éclairer le point de mire des fusils pendant la nuit, il a élevé son fils dont il voulait faire un soldat et dont il rêve de faire un diplomate. Pourvu que le sergent Hoff, fondateur de l'*Avant-Garde des Batignolles* et président de l'*Etoile des Ternes,* ne songe pas à être député! Cela me gâterait mon héros.

Le sergent Hoff a eu son grand jour en mai 1885, lorsqu'il eut l'honneur de recevoir, sous l'Arc de Triomphe, le cercueil de Victor Hugo. L'humble soldat de la patrie saluant le glorieux poète de la

France, c'est une antithèse admirable qui eût souri a celui qui dort maintenant dans les caveaux du Panthéon.

X

LE GÉNÉRAL MARGUERITTE

LE GÉNÉRAL MARGUERITTE

Son fils l'a dignement célébré : la patrie lui a dressé une statue, les Arabes, là-bas, vont lui en élever une autre. C'est une figure bonne à contempler, par l'effacement des caractères, dû à je ne sais quel laminoir qui passe sur les hommes, oui, une belle figure martiale que celle de ce soldat tombé à quarante-sept ans et dont un autre soldat, le général Philibert, son compagnon d'Afrique, a raconté la vie.

Fils d'un Lorrain, cultivateur pauvre qui, quoique marié et père de famille, s'engage, un beau matin, dans le 1er carabiniers et part pour Arras, Margueritte, qui a laissé un livre excellent, pittoresque, sur les *Chasses de l'Algérie*, n'avait jamais eu d'autre maître que son père, brigadier de gendarmerie. Et lorsque plus tard, devenu colonel, il recevra, sur son érudition, les compliments d'un général inspecteur, avec quel étonnement celui-ci lui demandant à quelle école il a fait ses études, l'entendra répondre :

— Mon général, jamais je n'ai été à l'école !

Jamais ! Et cet homme qui, tout enfant, accompagnant son père en Algérie, arrêtait, cavalier aussi agile qu'un spahi, les meurtriers arabes au milieu de leurs douars ; qui, plus tard, à l'affût, chassait le lion comme Gérard, ou la panthère, comme Bombonnel, ce soldat qui, à dix-sept ans, s'engageait comme gendarme interprète dans les gendarmes maures, gagnait, en défendant un convoi devant Boufarik, ses galons de laine de brigadier, était déjà, à dix-huit ans, porté trois fois à l'ordre du jour de l'armée, si bien que le général d'Allonville lui offrait, sans que Margueritte acceptât, de payer de sa bourse les frais nécessités pour les études de Saint-Cyr ; ce soldat de Milianah, ce cavalier intrépide poursuivant à lui seul Bou-Maza et ses cavaliers en fuite ; ce sabreur qui fut, comme Bugeaud, un colonisateur ; cet *Africain* qui, envoyé au Mexique, y renouvela ses prodiges et faisait dire devant Puebla, au commandant en chef : « *On ne sait plus en quels termes faire l'éloge* du lieutenant-colonel Margueritte ; » — ce brave entre les braves qui, se reposant de l'insurrection algérienne de 1865, en traduisant des poésies arabes, commandait la subdivision d'Alger lorsqu'on l'appela sur le Rhin, avec ses chasseurs d'Afrique aux petits chevaux gris et blancs.

Comme ils caracolaient, les chasseurs bleus, dans les vieilles rues de Lunéville, au soleil de juillet, il y a tant d'années déjà ! J'ai encore dans les yeux les étincelles de leurs fers sur le pavé et les éclairs de leurs sabres !

« Avant le combat, leur disait Margueritte dans un ordre du jour admirable, le plus grand silence devra être observé en attendant le moment d'agir, moment dont le chef reste juge. Il ne faut ni criaillerie, ni faux entraînement. Le calme sous le feu est une grande qualité militaire, il faut savoir la pratiquer à l'occasion ! »

Et, plus loin :

« Les escadrons une fois lancés, il n'y a d'autre direction à conserver que celle qui *amène le plus vite possible sur l'ennemi que l'on charge !* »

Enfin — conseil à noter et qui montre quel homme fut ce soldat — il songe aux chevaux en parlant à ses hommes : « Sans chevaux en état, pas de cavalerie. Il faut qu'ils soient l'objet d'une sollicitude constante et entretenus *avec dévouement.* »

Et là-dessus, sabre au clair!..

On part pour Nancy. Puis on recule. Le 12 août, Margueritte charge, de sa main, les hussards de la garde prussienne établis à Pont-à-Mousson. Il les en chasse. « Cela ne m'étonne pas de vous, lui dit Napoléon III, mais, dans les circonstances présentes, c'est bien opportun. »

Margueritte pourtant était désespéré :

— Ce n'est pas le moment de se ménager, disait-il à ses officiers. Nos soldats sont jeunes, l'épreuve est difficile. Nous aurons tous à payer de notre personne. Ce que je ferai, vous le ferez à votre tour bientôt.

Ce qu'il ferait ? Il se ferait tuer. Il le savait d'avance.

Et, les larmes aux yeux, il ajoutait :

— Je ne sais ce que l'on veut essayer, mais je n'espère rien. Il n'y a parmi ceux qui nous commandent personne qui puisse nous tirer d'affaire !

Du moins, il pouvait mourir. Mourir en pensant à ses fils, mais en laissant par son héroïsme, une consolation à sa patrie. Ce fut lui qui, avec Galliffet, lança ses cavaliers sur les fusiliers allemands, sabra les carrés ennemis, se replia, se reforma, bondit sous les balles prussiennes et arracha ce cri d'admiration au roi Guillaume : « Oh! les braves gens ! »

C'est sur la crête d'un mamelon du village de Floing que son aide de camp, M. Révérony, le vit tout à coup tomber de cheval, face à terre, sauta près de lui, le prit dans ses bras, le mit à genoux, l'interrogea.

Margueritte ne pouvait parler, mais il put se remettre debout. Les Prussiens tiraient toujours. Le général avait la figure en sang, une balle étant entrée par la joue gauche et ressortie par la joue droite, emportant une partie de la langue. Et quand il passa devant ses soldats, ne pouvant crier : « En avant ! » — le voulant pourtant, essayant, — il n'eut que la force d'indiquer du geste, avec le bras gauche, la direction de l'ennemi.

C'est dans cette attitude même que le sculpteur l'a représenté, ce héros, dans la statue qui s'élève maintenant sur la petite place de Manheulles.

Et son geste fut compris.

Ses soldats levèrent leur képi, baissèrent leur sabre avec respect et, éperonnant leurs chevaux, — ces petits chevaux qu'ils aimaient et qui tombaient avec eux — firent une nouvelle charge et beaucoup moururent encore en criant : « Vive le général ! Vengeons-le ! »

Le soir, à Sedan, à la sous-préfecture où l'on transporta Margueritte sous les obus, celui qui était encore l'empereur vint voir le général et lui serra la main, disant qu'il espérait bien que la blessure serait sans gravité. Margueritte écrivit au crayon sur une feuille de papier : « Sire, je vous remercie ; *moi, ce n'est rien;* mais que va devenir l'armée ? Que va devenir la France ? »

On transporta, le 3 septembre, le général en calèche fermée, de Sedan à Bouillon, en Belgique, et de Bouillon au château de Beauraing, chez le duc d'Ossuna. Le général écrivit, mais d'une écriture tremblée, à sa femme, pour la rassurer. Trois jours après, le 6, dans l'après-midi, il essaya d'articuler ces mots : « *Ma femme, mes enfants* », voulut écrire, laissa tomber le crayon de ses doigts et serra la main de son aide de camp, lorsque le chapelain du château dit, près de lui : « Priez pour la France ! »

Il faisait mieux que de lui donner sa prière. Il lui léguait un exemple. Son aide de camp l'embrassa au front, l'ensevelit, et lui mit entre les mains un crucifix, dernière croix de ce soldat. « Oui, ce fut un soldat dans toute l'acception du mot, dit, sur sa tombe, le général Thiébauld, commandant la 1re division du corps de l'armée d'observation belge, ce fut un grand cœur, bon, juste, humain. Adieu, frère d'armes de l'armée française ! »

Maintenant le corps de Margueritte repose, non plus en Belgique ni en Lorraine, mais en Afrique, dans le cimetière de Moustapha, près du coin de terre où, enfant, il domptait les chevaux kabyles. On a voulu que sa mort servît encore d'enseignement : du champ de manœuvres, les cavaliers d'Afrique peuvent apercevoir son tombeau, comme les Lorrains de la frontière pourront apercevoir sa statue.

Je la salue de loin, — et d'un salut qui vaut un salut d'épée : le salut de la canne de M. Michelet !

Ce nom d'Illy que je viens d'écrire, le *calvaire d'Illy* où tomba Margueritte, rappelle un des beaux faits d'armes de la bataille, la charge des chasseurs d'Afrique et des chasseurs contre les tirailleurs prussiens. Un officier allemand me racontait d'une façon nette et cruelle cette charge épique vue des hauteurs de Frénois.

— Je la regardais de loin, me disait-il. Je voyais une ligne noire immobile et une ligne blanche qui courait. Tout à coup, la ligne noire s'illumine d'une traînée de feu. La ligne blanche se brise. Tout se confond dans la fumée, et, quand ce brouillard se dissipe, je n'aperçois plus rien que la ligne noire toujours en place et des points blancs éparpillés. Trois fois ce spectacle se renouvela ; trois fois, avec un admirable mépris de la mort, la cavalerie vint se briser contre le mur noir et vivant de nos soldats.

Rien ne peint mieux, en effet, que ces deux lignes, le résultat de l'admirable et téméraire charge des divisions Bonnemain et Margueritte, charge qui partit du calvaire d'Illy pour venir se briser contre les fantassins prussiens. Les cuirassiers de Frœschwiller — il y en avait encore d'ailleurs parmi eux — ne furent pas plus intrépides que ces cavaliers obéissant à la trompette sonnant la charge : ces dragons, ces hussards, ces chasseurs, ces spahis qui couraient sabre haut, à travers les grenades, sur les tirailleurs thuringiens, les régiments n°s 32 et 95, visant à coup sûr. Les képis rouges et les manteaux blancs roulaient à terre. Les cavaliers chargeaient toujours. Le général Tillard et son aide de camp tombèrent là, sur le coteau, dans un champ de betteraves.

Avant de venir se former en bataille devant les

bois épais de la Garenne, les chasseurs avaient, le corps baissé sur le col de leurs chevaux, traversé les chênaies par les étroits sentiers, se courbant pour éviter les déchirures des branches qui leur fouettaient le visage.

Là, le général de Galliffet cherchait un guide, un éclaireur pour le conduire à travers le bois d'Illy. On lui désigne un garde-chasse, un ancien soldat nommé Gévetot.

Quand il aperçut le garde-chasse, le général le reconnaît.

— Tiens, dit-il simplement, c'est toi !

— Mon général ?... fait Gévetot en se découvrant.

— Comment, reprend le général de Galliffet, tu ne te souviens pas que nous avons été brigadiers tous deux au même escadron de chasseurs d'Afrique ?

Ce qui était vrai.

— Voyons, Gévetot, dit le général, guide-nous bien !

— C'est compris !.. dit le garde.

Et quand il eut conduit la colonne à travers les bois :

— Maintenant, demande le général, que puis-je faire pour toi, mon vieux camarade ?

— Ce que *vous*... ce que *tu* peux faire ? répond Gévetot.

Il hésita un moment, puis, les larmes aux yeux :

— Me donner un képi, un cheval et un sabre, et me permettre de charger !

— Allons donc ! et tu serais fusillé si on te faisait prisonnier !

— On ne me fera pas prisonnier, général, je *te* le promets !

— Eh bien, va pour le képi, pour le cheval et pour le sabre !

— Merci !

Quand le général de Galliffet dit : *Chargez !* Gévetot chargea. Il fut de ceux qui sabrèrent les Prussiens blottis derrière les haies et qui essuyèrent leur feu à bout portant. La mort l'épargna.

Un an après, en septembre 1871, on remettait à Gévetot la croix de la Légion d'honneur, accompagnée de ces quelques mots : « *Remerciement d'un compagnon d'Afrique* ». Le garde-chasse dit volontiers du général de Galliffet : « Il n'est pas fier ! »

XI

DE VIROFLAY A PORT-ROYAL

DE VIROFLAY A PORT-ROYAL

Bien souvent, partant du chemin de la Saussaie, près de mes bois familiers de Fausses-Reposes, je m'en vais au hasard, appuyé sur la canne de l'historien. Elle m'a guidé vers les champs de bataille oubliés ; elle m'a servi de compagnonne pour ce voyage depuis si longtemps rêvé : le voyage à Port-Royal-des-Champs !

Qui écrira la légende des environs de Paris ? Qui s'en ira par les chemins ramasser les fleurettes du passé, comme dans la vallée de Montmorency Gérard de Nerval, autrefois, s'en allait glanant des chansons populaires ? On court bien loin chercher des paysages, des impressions de touristes, et la tournée la plus séduisante peut-être, est celle des environs de ce grand Paris, couché, là-bas, dans la brume. Il y a des modes, il est vrai, jusque dans le goût de la campagne qui pousse les Parisiens à jouer aux châtelains. Au temps où Bougival, inventé par une colonie de paysagistes, « était une rive inconnue », il eût paru fort ridicule d'aller de ce côté en villégiature. Croissy, fort élégant aujourd'hui, était un désert. Ville-d'Avray, où l'on pourrait à présent réunir la moitié du *tout Paris des premières* et où l'on commente à la gare, dès le train de neuf heures, le cours de la Bourse du jour, fut, à son heure, un village ignoré. Il est des coins très haut *cotés*, comme on dit : Saint-Germain, par exemple. Il en est d'autres qu'on ignore ou qui ont perdu leur prestige : Aulnay, Antony, Palaiseau, et qui sont pourtant des plus attirants et des plus pittoresques entre tous ces admirables environs de Paris qu'on irait voir en *mail coatch,* s'ils étaient situés à deux cents lieues d'ici.

Je ne sais point de *sites faits* plus *à souhait pour le plaisir des yeux,* — comme on disait autrefois dans ce très ridicule style général auquel nous ramèneront peut-être, malgré nous, les exagérations des descriptifs à outrance, — rien de plus inattendu que les deux vallées de la Bièvre et de Chevreuse qu'un Parisien peut parcourir en deux jours, tout en rentrant coucher chez lui chaque soir.

A chaque pas, dans cette excursion charmante, par les doux temps d'automne, les souvenirs s'envolent comme une troupe de perdreaux. C'est une chasse au passé qui en vaut bien une autre. De Versailles on peut aller à pied jusqu'à Bièvre ou se donner la sensation rétrospective d'un voyage en diligence en prenant la petite voiture de Jouy qui s'arrête, au détour des routes, pour prendre des voyageurs, charger des paquets, permettre au conducteur de causer, comme autrefois. Incidents et commérages du chemin qui nous rajeunissent. Le railway ne semble pas inventé! On assiste à des duels de voiture qui, pour *brûler* la politesse à la concurrence, menacent de verser la grappe de voyageurs dont l'impériale est chargée. Le long des routes, les faisans étonnés regardent, comme si la chasse n'était pas ouverte, la voiture jaune passer dans la poussière, et les lapins montrent leurs blancs derrières en fuyant, éperdus par le bruit de fusillade que font en sautant les vitres de la carriole.

Dès l'entrée de Jouy-en-Josas, la vallée de la Bièvre commence, avec son ruisselet, dont les eaux jaunâtres donnent pourtant leur richesse de tons aux tapisseries de nos Gobelins. Des brouillards rampent dans la vallée qui s'estompe au fond en une brume bleue. Il ne reste rien, rien que des bâtiments sans caractère, de la manufacture de toile qu'Oberkampf fonda à Jouy, il y a cent vingt ans passés. La gare récente est située sur l'emplacement même de la fabrique, et la rue Oberkampf, où s'arrête la voiture avant de continuer son chemin jusqu'à Bièvre, marque le souvenir du grand industriel. On vendait naguère à l'encan à Trianon, de vieux rideaux de toile de Jouy, dont les tons d'un rose passé rappelaient ces pastels à demi effacés où s'entrevoient encore d'aimables sourires d'aïeules. Marie-Antoinette, lorsqu'elle n'était plus la Reine mais la laitière du hameau, portait des casaquins de toile de Jouy. C'était le caprice élégant. Il fallait alors être rural pour être élégant, et Louis XVI plantait à sa boutonnière, pour mettre la *parmentière* à la mode, une fleur de pomme de terre.

Il n'y a rien à voir à Jouy-en-Josas, mais toute la vallée de la Bièvre, jusqu'à Bièvre même, est une merveille. On sent que le Parisien ne pousse guère jusque là. Le lieu est trop sauvage. Un grand silence tombe sur cette vallée d'aspect sévère où rit pourtant entre ses arbres le petit ruisseau. Au loin, des maisons de campagne, presque des châteaux, se dressent à mi-hauteur. L'un, de style Louis XIII avec deux pavillons en brique rouge coiffés de toits d'ardoises qu'on reconstruit maintenant, fut la propriété de Bertin de Vaux, du *Journal des Débats*. La propriété appartint jusqu'en 1877 à Mlle Louise Bertin, et, lorsque l'auteur de la musique de la *Esmeralda* mourut, un négociant de Paris acheta la demeure.

C'est pourtant sur cette terrasse, dominant la vallée, que bien souvent Victor Hugo, jeune, en pleine bataille, vint se reposer et rêver ! Armand Bertin, qui ne demandait rien à personne, demanda, un jour, au poète, une faveur.

— Elle vous est accordée d'avance ! répondit Victor Hugo.

— Eh bien ! écrivez un livret d'opéra pour Mlle Bertin.

Ce fut la *Esmeralda*.

Les visites à Bièvre inspirèrent aussi à l'auteur des *Feuilles d'automne* ces vers qui sont comme un frissonnant tableau de ces bords de rivière :

Une rivière au fond des bois sur les deux pentes;
Là des ormeaux, bordés de cent vignes grimpantes,

Des prés, où le faucheur brunit son bras nerveux;
Là, des saules pensifs qui pleurent sur la rive,
Et, comme une baigneuse indolente et naïve,
Laisse tremper dans l'eau le bout de leurs cheveux ;
Là-bas, un gué bruyant dans les eaux poissonneuses,
Qui montrent aux passants les jambes des faneuses,
Des carrés de blés d'or; des étangs au flot clair;
Dans l'ombre, un mur de craie et des toits noirs de suie;
Les ocres des ravins, déchirés par la pluie;
Et l'aqueduc au loin, qui semble un pont de l'air...

C'est l'aqueduc de Buc, découpant à l'horizon ses arcades énormes sur la masse des bois du Désert. On l'aperçoit, du haut de la montée de Bièvre, au détour de la route, en face du château de Belair. Un panorama merveilleux de prairies, de coteaux, de massifs, traversés de soleil, entoure cette hauteur. A quelques pas, dans les arbres, tout près de l'ancienne maison des Bertin — y touchant presque — s'étale un bâtiment long, à toit de briques. Il appartient aussi maintenant à un négociant, et, comme le château de Louise Bertin, il garde aussi un nid de souvenirs. C'est la maison du docteur Récamier. Mme Récamier est venue très souvent dans cette vallée de la Bièvre où le bon Ballanche soupirait.

Sur la route, avant Bièvre, un de mes compagnons d'excursion, vieil habitant du pays, me fait très aimablement remarquer une sorte de pavillon, rebâti à neuf, mais qu'il a vu, il y a bien des années, dans un complet état de vétusté.

— C'est là, me dit-il, qu'une tradition de la contrée veut que Sainte-Croix, l'empoisonneur, vînt appliquer, avec la Brinvilliers, les secrets d'Exili et fabriquer ces fameux poisons qui n'ont de rivaux dans la publique terreur que les classiques — ou romantiques — poisons des Borgia !

Ce qui est certain, c'est que le pavillon appartint à la Marquise. Pavillon fort honnête et paisible, en ce moment tout rosé par le soleil couchant. Qu'elles abritent des poètes à qui les nations doivent des statues ou des empoisonneurs qu'a réclamés le bourreau, les murailles de pierre n'en gardent pas même la mémoire :

... L'homme, fantôme obscur,
Passe sans laisser même
Son ombre sur le mur !

De loin, étagé sur une colline, avec la rivière qui coule à ses pieds et son clocher dressé comme une aigrette, Bièvre ressemble à un village italien. Le fameux marquis de Bièvre, l'homme aux calembours, fut seigneur de ce lieu. On a démoli son château. Il eût fait quelque bon mot à ce propos s'il n'était pas mort dix ans avant 89. Le village est propret et coquet. Une grande maison carrée et blanche, fort belle, s'en détache, dominant la vallée. Ce fut la propriété de M. Try, conseiller à la cour de Paris. Son fils, magistrat lui même, a vendu l'habitation et se contente d'une maison de garde de l'autre côté de la vallée, vivant là en chasseur passionné, dans un immense bois clos de murs, dès qu'il peut s'échapper du Palais. L'habitation de M. Try est aujourd'hui la propriété de M. Galichon, beau-père de ce très érudit et grand amateur d'art Emile Galichon, mort trop jeune, et qui fonda la *Gazette des beaux-arts*, maintenant dirigée par M. Louis Gonse.

A chaque pas, dans cette vallée, les souvenirs littéraires revivent. Cette partie des environs de Paris fut fort à la mode, il y a quarante ans. A Aulnay, non loin de là, dans la Vallée aux Loups, Chateaubriand se retirait et plantait des arbres. Henri de Latouche y cacha sa misanthropie et y rima ses derniers vers. C'est de là qu'en juillet 1830 partit Georges Farcy, l'ami de Victor Cousin, pour aller se faire tuer place du Carrousel et se faire ramasser sous le feu plongeant des Suisses, par Emile Littré. Près de là encore, à Aulnay, dans les bois, se dresse la tombe de l'acteur Molé, *la tombe à Molé*, comme on dit là-bas. Molé, en véritable homme du dix-huitième siècle, voulut être enterré sous la verdure des arbres, dormir dans le *sein de la nature*. Il paraît que plus d'un rendez-vous se donne près de son tombeau. « A ce soir, à la tombe à Molé ! » L'ombre du comédien doit sourire à ce becquetis d'amoureux qui commence quand les pinsons et les passereaux sont couchés.

George Sand habita longtemps Palaiseau où se trouve aujourd'hui la statue de Joseph Bara. A Bièvres, sur la route d'Igny, mourut, en ce mois de septembre, il y a vingt-quatre ans, l'auteur des *Mémoires du Diable*, Frédéric Soulié, qui habitait une des dernières maisons, à droite en sortant du village. Maison modeste bien différente de cette fastueuse fantaisie de pierre, ce *Monte-Cristo*, qu'Alexandre Dumas s'était fait construire entre Saint-Germain et Marly. Frédéric Soulié travaillait là, paisible, avec de la verdure sous les yeux. Un jour Hippolyte Hostein alla frapper à sa porte avec Antony Béraud. Le directeur de l'Ambigu, aux abois, avait besoin, absolument besoin, d'un drame, fût-il commencé à peine.

— Un drame ? dit Soulié. J'en ai un, mais je ne sais pas trop ce qu'il vaut !

Il le donna. On le mit en répétitions le lendemain. C'était la *Closerie des Genêts* — un chef-d'œuvre.

— Enfin ! enfin ! répétait Soulié à qui les critiques du temps avaient si souvent prédit qu'il n'était pas *fait pour* le théâtre, je tiens donc maintenant ma corde ! Ah ! les beaux drames que j'ai dans la tête ! On va voir ! *Ils* vont voir !

Ils — les envieux — n'allaient que le voir mourir. Ce romancier d'une imagination si puissante, ce chroniqueur quasi-sauvage des guerres des Albigeois, finit en poète. Il revenait au rêve évanoui de sa vingtième année : il dictait des vers.

L'autre admirable vallée, c'est la vallée de Chevreuse. Il faut la voir par ces beaux temps clairs. L'automne a roussi, bronzé, doré les arbres. Il semble que sur les branches encore vertes on ait versé de la poussière d'or. Chevreuse, avec ses grises tours en ruines, domine un paysage sévère parfois comme un coin du Jura, parfois riant comme une campagne parisienne. J'ai songé, dans la vallée de la Bièvre, à des couchers de soleil de Pointelin. Ici, en poussant jusqu'aux Vaux-de-Cernay, sous les arbres où court le ruisseau, près de l'étang, dans les bruyères et les roches grises, j'ai revu les paysages verts de Français.

C'est Français qui les a inventés ces *vaux*, le pluriel de *val*, de Cernay, et c'est lui qui leur envoie, chaque année, ces paysagistes en vareuses ou même en jupons que j'ai rencontrés, près du moulin, devant l'étang, sur l'écluse même, abrités par leur grand parasol blanc et tout entiers à leur *motif*, dans ce bain de plein air, aussi fortifiant pour le peintre que pour la peinture. Français a fait et refait ces cascades, cette serpentine, ces roches d'un Fontainebleau minuscule, ces dessous de feuillées, ces versants boisés. Il a été pour cet étang ce que Millet, Diaz, Rousseau, furent pour Barbizon. Mais il n'a pas revivifié, évoqué, déterré, si je puis dire, l'admirable abbaye des Vaux-de-Cernay dont Mme Nathaniel de Rothschild a acheté les ruines à un Anglais, il y a fort peu d'années, et dont elle a fait une merveille.

Voilà une chose unique : une abbaye du douzième siècle, avec les parois de son église et un cloître encore debout, une abbaye remise à neuf, — je me trompe, sauvée de la ruine, — transformée en maison d'habitation, avec tout le confort et tous les luxes de la vie moderne et gardant cependant encore, malgré cette prise de possession du *high life*, son caractère d'art et d'imposante vétusté. Il fallait beaucoup de goût, un rare sentiment artistique pour ne point gâter ces ruines vénérables. Mme Nathaniel de Rothschild s'est chargée du miracle. Le cloître est propre comme un salon et imposant comme une ruine. De merveilleux portraits de Chardin, des Lépicié, des pastels de Latour sont accrochés aux murailles que fit bâtir Simon de Montfort, l'homme-bourreau des Albigeois. Et ces fins visages du dix-huitième siècle ne semblent pas étonnés de se rencontrer dans une abbaye devenue boudoir, et rien ne choque dans ce mélange de la poudre à la maréchale avec la poussière du passé.

Ce qui fut le réfectoire des moines est devenu le salon de Mme Nathaniel de Rothschild ; les colonnes aux nervures légères supportant des voûtes d'arêtes ogivales sont isolées au milieu du salon, àvec leurs décorations polychromes, et elles s'harmonisent avec le délicieux fouillis des meubles modernes, des chinoiseries, des soies japonaises, des tableaux de prix. C'est le moyen âge se mariant au japonisme ; ou plutôt c'est l'art de tous les temps s'unissant, grâce à une artiste d'élite qui peut réaliser ses rêves, pour former une des habitations les plus admirablement contrastées et pittoresques qu'il m'ait été donné de voir. Tout y est conservé, soigné, sauvé, et le lierre y semble non pas ronger mais broder les murs gris et y ajouter délicatement ses rinceaux à leurs rosaces.

Mme de Rothschild n'a pas à chercher bien loin des *sujets* pour son fin pinceau d'aquarelliste.

Le château de Dampierre est sur le chemin des Vaux-de-Cernay. Chaque vendredi, Mme la duchesse de Luynes permet aux visiteurs de pénétrer dans son parc et dans ses salons. C'est une hospitalité d'art et de noblesse. On ne verra plus qu'à Dampierre l'élégante statue de *Louis XIII enfant*, que Rude exécuta en argent pour le duc de Luynes, et qui se dresse, hautaine et exquise, sur son piédestal, dans une chambre aux tentures dorées, où Louis XIII a couché. C'est là encore que, debout sur un socle admirable, la *Minerve*, de Simart, modèle de statuaire chryséléphantine apparaît, avec son armure d'or, ses ornements d'argent et ses bras d'ivoire, auprès du Python enroulé. La pâleur de ce visage ivoirin, troué de pierres azurites, a, comme le remarquait Gautier, quelque chose d'inquiétant. « On dirait, dit-il, un œil vivant qui scintille à travers un masque. »

Derrière la *Minerve*, Ingres a laissé inachevée une immense peinture, l'Age d'Or, où, dans un paysage superbe, apparaissent une quantité de figures nues, d'un dessin supérieur et d'une tonalité qui rappelle les anciens. Il y avait, dans l'escalier du château, des médaillons qu'avait signés Gleyre. Ingres, les trouvant détestables, exigea qu'ils fussent effacés. S'imagine-t-on un littérateur demandant qu'on brûle les livres de ses rivaux ? Ingres menaçait de laisser sa peinture inachevée, ce qu'il fit, d'ailleurs, les motifs d'irascibilité ne lui manquant pas. Cette œuvre, hors de pair, abandonnée par le maître dans des circonstances que M. Charles Blanc a racontées, n'est qu'une esquisse très *poussée* mais qui vaut tous les tableaux.

En face, Mme la duchesse de Luynes a fait placer le portrait en pied que M. Cabanel a exposé et où, belle d'une grâce charmante et souveraine, la veuve du vaillant duc de Luynes, capitaine des mobiles de la Sarthe, tué noblement à Patay, est représentée avec ses jeunes enfants : l'aîné son fils, debout à sa droite, la petite fille assise à ses pieds, tous deux exquis. Aujourd'hui, le jeune duc de Luynes est un adolescent à l'air résolu, dont M. Cot achevait le portrait quelques mois avant sa mort : un chapeau de paille sur la tête et le cou sortant d'un grand col de marin, le regard droit, franc et fier.

Le duc de Luynes, le collaborateur de Simart, l'artiste savant dont la bibliothèque superbe et la collection minéralogique ajoutent une note de science et d'érudition à ce beau château où les grandes allées droites, les parterres fleuris, les pièces d'eau, donnent l'idée du luxe absolu, d'un caractère historique uni au suprême goût mondain, le grand amateur d'art et le grand seigneur qui mourut membre de l'Institut, dort à quelques pas de son château, dans la petite église de Dampierre. Là, sous le pilier de droite, est renfermée la main gauche d'un autre duc de Luynes, gouverneur de Paris, mort en 1771. « Cette main, dit une inscription lapidaire, qui protégea les habitants de Dampierre et s'ouvrit sur eux pour des bienfaits. »

De cette vision d'un château superbe enveloppé de soleil avec de grandes dames en robes claires passant, sous leurs ombrelles blanches le long des parterres où sourient les fleurs, parfois disposés en fleurs de lys (la politique aujourd'hui se glisse dans les massifs), j'ai emporté cette conviction que Balzac, lorsqu'il écrivait son paradoxe contre la vie de château et sacrifiait si vite notre *haute vie* française à ce *high life* des lords, n'avait pas vu tous les châteaux de France. Une excursion aux Vaux-de-Cernay et au château de Dampierre suffirait pour convaincre l'anglomane le plus acharné que la *vie de château* en France n'est pas une invention des chroniqueurs.

En quittant Dampierre, par la route qui mène à Versailles, nous allons, rencontrant çà et là, sur les portes des fermes et les murailles des villages, des affiches encore intactes, ou à demi déchirées, des débris des dernières élections, professions de foi de M. Ferdinand Dreyfus, député sortant — et rentrant ; — placards de M. Maurice Richard. Le chemin est charmant. Des volées de moineaux nous précèdent, volant, effrayés, de pommiers en pommiers le long de la route. Au loin se détache la silhouette de quelque chasseur dont le soleil couchant fait étinceler le canon de fusil qui ressemble à une aiguille. Des paysans, courbés sur la terre, où déjà la brume tombe, ramassent des pommes de terre dans des grands sacs de toile roussie et recousue.

Au milieu d'une montée, dans un paysage sévère, — solitude profonde, désert où s'ensevelirent tant d'existences blessées, — le cocher nous dit, montrant du bout de son fouet quelques maisons groupées au fond de la vallée :

— Voici Port-Royal !

Port-Royal ! Que de souvenirs, que d'émotions

dans ce seul nom ! Port-Royal-des-Champs ! Et tout aussitôt, devant nous se dressent et, comme dans le brouillard des rêves, apparaissent les grandes figures pensives, calmes et sévères de ceux qu'on appelait *ces messieurs !*

J'avais emporté avec moi, dans ce voyage à travers la vallée de Chevreuse, les *Mémoires pour servir à l'histoire de Port-Royal*, par M. Du Fossé (Utrecht, 1739), qui sont, avec ceux de Fontaine et de Lancelot, un des documents importants sur la petite église, sur ce qu'on nomme la secte janséniste, sur MM. de Saint-Cyran, Arnauld, Singlin, de Saci, de Sainte-Marthe, sur Pascal, sur la Mère Angélique. Le livre de l'honnête et convaincu Pierre-Thomas Du Fossé devait être du voyage de Port-Royal et passer à l'endroit même où fut enterré le cœur de celui qui écrivit ce volume.

Et, pendant que la voiture nous conduisait de Chevreuse aux Vaux-de-Cernay et de l'abbaye des Vaux-de-Cernay au château de Dampierre, je relisais ces *Mémoires*, où la figure du grand Arnauld est peinte admirablement, avec son austérité et sa bonté. Grand homme que cet abbé dont Richelieu voulut faire un homme d'État et qui, pouvant briller dans les salons du Palais-Cardinal, préféra une cellule à Vincennes. Il s'y trouva emprisonné avec le fameux Jean de Wert, qui effraya un moment la France, comme plus tard Malborough, et que la France, qui aime à rire de ses terreurs et à se moquer de ses ennemis, chansonna comme elle devait chansonner Malborough. Jean de Wert étant échangé contre un de nos généraux, prisonnier de guerre comme lui, assista avant son départ à un grand ballet que le cardinal fit représenter dans son palais, et, comme on demandait à l'étranger ce qu'il pensait de tout cet appareil et ce qui l'avait le plus surpris :

— C'est, répondit Jean de Wert, dans un royaume très chrétien, de voir les évêques à la Comédie pendant que les saints sont en prison.

Il parlait de Duvergier de Hauranne, abbé de Saint-Cyran, dont il avait admiré la piété, le courage et la douceur dans le château de Vincennes.

En ces mémoires de Du Fossé revivent ces solitaires lassés du monde, épris de silence, qui s'en allaient au Désert demander l'oubli des vanités et des gloires poursuivies : Antoine Le Maître, la renommée la plus éclatante du barreau de son temps, qui rendait, lorsqu'il y plaidait, la grand'chambre trop petite pour contenir ses auditeurs, et qui nous offre ce rare et, je crois bien, unique exemple d'un orateur qui, après avoir parlé avec succès, trouve le courage de se taire pendant vingt ans. Et, à côté de lui, M. de Séricourt, M. de Bascle, M. Choisnel, le médecin Hamon, sans compter, auprès de ces docteurs, tels que M. Arnauld, auprès de ces lettrés, comme Nicole, auprès de ces grands seigneurs, comme le duc de Liancourt, ou de ces grandes dames, comme la duchesse de Longueville, tel pauvre diable épris de paix profonde, comme Charles Delacroix, le cordonnier Charles, pauvre malheureux contrefait, Quasimodo du jansénisme, qui s'en va, artisan illettré, se joindre à ces solitaires affamés de pénitence.

Le plus étrange, c'est que toute cette belle piété et cette austérité profonde fleuriront à Port-Royal, comme des fleurs sauvages, sous la parole d'un capucin relaps qui, allant se faire apostat dans les pays étrangers, s'arrêta à Port-Royal, y prêcha éloquemment sur la sainteté de la règle de saint Benoît, sur les joies de la béatitude religieuse et émut si profondément la jeune Mère Marie-Angélique que l'abbesse voulut, sur l'heure, réformer et sanctifier le couvent. Racine a conté l'anecdote. Ce misérable capucin, fuyard de sa congrégation, faisait naître ainsi chez les autres les vertus qu'il n'avait pas.

A Port-Royal, parmi le thym et la lavande, germa

donc la morale ascétique, l'*immoralité ascétique*, dit Herbert Spencer parlant d'autres gens que de *ces messieurs*. Je me rappelle avec quel orgueil paternel Sainte-Beuve parlait des gros volumes qu'il a consacrés à l'histoire de ce coin de terre. « J'ai fait un livre », disait-il. Il avait raison. Ce *Port-Royal*, si fort raillé par Balzac, et que l'auteur refit, recorrigea, augmenta de notes et de notules dans les notes, est un monument véritable élevé aux solitaires. Monument délaissé peut-être comme les ruines mêmes de Port-Royal. Mais les endroits et les livres les plus fréquentés sont-ils toujours les mieux famés ?

On va très peu à Port-Royal ; surtout depuis la guerre, nous disait le gardien de ces ruines. C'est un ancien instituteur qui, depuis dix-huit ans, est placé là par la Société Saint-Antoine à qui Port-Royal appartient aujourd'hui. Cette société le tient d'un M. Sylvy, ancien avocat. Le gardien est un homme maigre, au fin sourire dans une longue barbe grise. Il connaît par le menu toute la légende de ce terrain abandonné, et, au rebours des autres guides, il ne commet point d'erreurs.

Il nous reçoit au bout du champ que nous rencontrons, après une descente un peu roide par un chemin dont les pavés, vieux comme ceux du *Pavé des Gardes* qui part de Versailles, doivent avoir entendu les pas des solitaires et les talons de bottes des soldats de Louis XIV. Nous entrons par une sorte de brèche pratiquée dans une muraille grise. Où est Port-Royal ? Là-bas une tourelle se dresse, reste de donjon ou de bastion du temps des guerres. Plus près, un haut pigeonnier au toit en poivrière. Et c'est tout. Quoi ! rien ? La solitude.

On prétend que ce grand noyer vénérable aux branches à demi cassées date du temps de *ces messieurs*. On l'appelle encore, par tradition, le *noyer de la Mère Angélique*. Il est plus que centenaire, à coup sûr ; mais, après avoir survécu si longtemps à l'abbaye, il a reçu, du rude hiver d'il y a cinq ans, le coup de la mort. Le noyer de la Mère Angélique a été gelé en 1879-80. « Il est bien près de *son dernier soupir !* » nous dit le gardien.

Il ne restera donc plus que quelques pierres de l'église démolie au ras du sol. On y peut retrouver la trace du chœur, de la nef, les bases de quelques colonnes. Mais de l'abbaye même, mais du cimetière, rien ne subsiste. Le champ de repos des religieuses de Port-Royal était encore hier un plant d'asperges.

— J'ai fait arracher les asperges, me dit le guide. Au moins il n'y aura rien à l'endroit du cimetière, rien que de l'herbe !

On a élevé, sur l'emplacement du chœur, une espèce de petite chapelle expiatoire, médiocrement bâtie, avec une croix noire à son fronton et des vers encastrés dans sa façade, et là on conserve des reliques des solitaires, des portraits, la copie de la *Mère Angélique*, blême et cireuse, de Philippe de Champaigne qu'on voit au Louvre, des portraits d'Antoine Arnauld, de Pascal, de Jacqueline Pascal avec la grande croix rouge, saignante comme un stigmate, sur sa bure blanche de religieuse; des portraits de Nicole, de Saint-Cyran, du docteur Hamon, souriant et fin; — puis des plans de l'abbaye détruite, des autographes de Nicole, de l'abbé de Saint-Cyran, une lettre au crayon, écrite de son cachot de la Bastille. Deux tableaux représentent l'un l'expulsion des religieuses par d'Argenson, l'autre le déterrement des os de l'humble cimetière. On porta dans les villages voisins, à Saint-Lambert-les-Bois, à Magny-les-Hameaux, où l'on voit leurs tombes, les ossements des solitaires insultés dans leur dernier sommeil.

Auprès de l'église, dans un champ plein d'herbe, bordé d'une haie, était — séparé du cimetière de la communauté par l'église — le cimetière des *retraités*. C'est là, à l'angle même de ce champ, à l'endroit où poussent, au printemps, les fleurs d'un lilas, sous un peuplier, que fut enterré Jean Racine. L'auteur éperdument gai des *Plaideurs*, l'amant de la Champmeslé, finit là, dans les graves pensées qui courbaient un Arnauld d'Antilly et troublaient un Pascal ! Il devait être doux de mourir dans

Ce vallon solitaire où l'homme a tout détruit !

comme dit un vers gravé dans la pierre, devant la chapelle. La colère de l'Église, la haine des Jésuites, secondée par la violence de Louis XIV, passa sur ces débris. Les murs furent abattus, les squelettes dispersés. On emporta, comme débris de charniers, les os des humbles solitaires et des saintes filles. *Louis* voulait qu'il ne restât rien, nulle trace, de ceux qui avaient accepté la foi de Jansénius. Les déterreurs ne se doutaient guère qu'ils étaient molinistes en poussant des crânes du bout de la pelle, comme les fossoyeurs d'*Hamlet*.

— Qu'il ne reste rien ! disait le roi.

Eh bien, de Port-Royal rasé, il reste plus de traces encore que de Marly, où la cour entourait, encensait le Roi. Le palais du souverain a plus complètement disparu que l'église des religieuses. A Port-Royal, on rencontre encore trace de ce qui fut, sans compter l'impérissable souvenir qui reste à tout coin du monde où des penseurs ont vécu. Mais à Marly, à

Marly où respirait *Louis*, il ne reste vraiment rien. L'emplacement d'un abreuvoir. Il en reste moins que de Ninive, et les voitures qui passent traversent sans savoir le carré de terre où fut le grand salon du roi.

Lorsque les Allemands vinrent à Port-Royal, ils donnèrent ordre que nul soldat ne touchât à la moindre pierre.

— Tout débris ici est sacré, disait un de leurs généraux, qui portait d'ailleurs un nom polonais.

Leur respect pour les ruines de Port-Royal se doublait peut-être de leur haine contre Louis XIV. Ils voyaient dans la destruction de l'abbaye comme une sorte de campagne du Palatinat à l'intérieur.

— Bah ! disait un cocher du pays à ce général. Qu'est-ce que ça fait ? Il y a longtemps que ceux qni habitaient là sont crevés !

— Ce sont vos chevaux qui crèvent, dit le Polonais. Quand on pense et qu'on aime, on ne crève pas, on meurt !

J'aurais souhaité que tous les généraux allemands fussent comme cet homme et que tous les coins de France leur imposassent le respect de Port-Royal-des-Champs.

Il n'y a plus rien à voir après ce noyer, ces murs écroulés, ces fûts de colonnes, cette chapelle, ces quelques lignes échappées aux mains des morts et le carré de gazon qui fut un Campo-Santo. Nous sortons de l'église — de ce qui fut l'église — dont le chœur était une des plus belles choses qui fût en France, et dont les chaises, précieusement ouvragées, ont été achetées par les Bernardins de Saint-Nicolas-du-Chardonnet à Paris, et se voient peut-être encore là. — Nous sortons, silencieux, par la petite porte où passait jadis le sacrement. Le soir tombe sur le vallon sans bruit. De partout, des coteaux voisins, de ces bois où des bruyères roses sourient dans la verdure jaunie, une vapeur monte, l'humidité du soir. L'abbaye, autrefois, dans ce creux, était sujette à l'inondation. La pluie y venait impétueusement par des ravines. L'église, enfoncée de dix marches, était humide. Le jardin, ensablé parfois, restait partiellement en friche. Mais ce n'est pas la nature qui a envahi le val, c'est le roi, et le vide a été fait pour toujours.

D'une visite à cette solitude, à ce Désert, comme ils disaient, où l'on respire en cette saison :

L'austère enivrement des choses de l'automne

et qui fait songer à des coins de Mésopotamie, on emporte une impression attristée, combattue par un besoin de mouvement et de vie, une tentation d'abdication bientôt chassée par un appétit de bataille. Il ne faudrait pas trop s'y arrêter. Le dégoût des choses vivantes vous prendrait. O solitude ! O béatitude ! dit la voix. Mais l'homme n'est pas fait pour vivre seul, l'homme est fait pour vivre, pour marcher, pour combattre. A ce *rêve pour l'existence* des solitaires, Darwin oppose la lutte pour la vie.

Fermons les *Mémoires* de M. Du Fossé et rouvrons bien vite les *Provinciales* de Pascal qui fut un solitaire, mais un artisan de progrès et qui voulait que l'homme ne fût ni *ange*, comme le souhaitait l'abbé de Saint-Cyran, ni *bête*, comme le veulent tant de gens qui, en fait de nature, ne comprendront jamais le baume qu'avait le vallon du Désert pour les âmes blessées de Port-Royal.

A cœur meurtri, l'ombre et le silence ! disait pourtant Honoré de Balzac. Et qui n'a souhaité ces apaisements dans cette existence haletante de l'homme moderne où le bonheur s'appelle souvent — quoi ? — une halte tout simplement.

XII

L'HISTORIEN MORT

L'HISTORIEN MORT

J'ai pris mon fils par la main, ce matin, et tous deux, par la route qui mène à Courbevoie nous sommes allés, comme en pélerinage, voir, au rond point de Courbevoie, le monument dressé par Ernest Barrias au souvenir de la défense de Paris. « Tu prends bien n'est-ce pas, dis, papa, la canne de M. Michelet ? » Il la connaît ; je lui ai appris à vénérer la mémoire de l'homme en attendant qu'il admire les œuvres de l'historien.

— Oui, mon petit Georges, nous prenons la canne de M. Michelet !

Et nous voici, par les terrains vagues de la banlieue, une route poudreuse et une rue où l'herbe est lépreuse autour des masures, arrivés devant le groupe émouvant qui se détache fièrement de cet horizon pelé et triste. La ville de Paris, personnifiée par une jeune femme vêtue de cette capote de garde national qui restera aussi célèbre que la fameuse *criméenne* des soldats de 1855, se tient debout, l'épée à la main, agitant encore le drapeau déchiqueté de la patrie. A ses pieds, blessé, gît un enfant de Paris maigre et énergique, un garde national qui charge encore d'une dernière cartouche son fusil à tabatière, tandis que, derrière, accotée contre une pierre tombale, une pauvre fillette famélique grelotte de faim et de fièvre auprès d'un canon égueulé par un éclat d'obus. Il y a une rare énergie dans l'attitude résolue de la belle fille qui porte au front la couronne murale de Paris. Le froncement de ses sourcils, le pli terrible de sa bouche sont admirablement rendus; mais ce qui est plus saisissant encore, c'est le blessé dont le pied, enveloppé de linges, pend en dehors du groupe et donne à l'œuvre un caractère profond de vérité. Le style ici se fait vivant, l'allégorie disparaît. Ce sont des Parisiens qui sont là !

Dans la *maquette* de son œuvre, c'était un marin râlant, sa hache d'abordage à la main, un marin du Bourget, gabier de navire devenu gabier de Paris, que M. Ernest Barrias avait représenté. Il a changé son matelot en garde national. Le Bourget fait place à Buzenval. J'aurais voulu pourtant que ces braves fantassins de marine, l'âme de la défense, ne fussent pas oubliés.

Ce groupe est une belle œuvre, digne du souvenir douloureux et fier qu'elle évoque. M. Ernest Brelay, le beau-père du sculpteur, et qui fut un des maires de la défense de Paris, proposait à son gendre d'inscrire sur le piédestal ces quatre vers exprimant bien la pensée qui a présidé à l'œuvre d'art :

La faim, l'hiver, le deuil frappant à chaque porte,
Le feu de l'ennemi, Paris a tout bravé,
Et quand l'espérance fut morte,
L'honneur, du moins, était sauvé.

Il eût fallu qu'il fût là, lui, l'historien de la patrie, pour raconter cette histoire. Il eût écrit une admirable page et mémorable comme une légende. Car c'est de lui qu'on peut dire comme de Coligny, qu'il fut « un grand Français ». Chaque fois que je le relis, mon être vibre. Les émotions de mes vingt ans revivent, aussi poignantes. Et, relisant hier un de ses écrits, daté de 1846, j'y rencontrais à propos de la chère France de prophétiques pages :

« Je vois, » dit-il (et l'on frémit à relire ces lignes qui ont plus de trente ans de date), je vois la France « baisser d'heure en heure, s'abîmer comme une « Atlantide. *Pendant que nous sommes là à nous « quereller, ce pays enfonce.* »

Quoi ! nous n'avons pas écouté la prière ardente, la supplication généreuse d'un tel homme ! Nous avons laissé tomber au néant, comme les cris d'une Cassandre, les avertissements que voici : « Enfants, « enfants, je vous le dis : Montez sur une montagne « pourvu qu'elle soit assez haute ; regardez aux « quatre vents, vous ne verrez qu'ennemis. Tâchez « donc de vous entendre. La paix perpétuelle que « quelques-uns vous promettent (pendant que les « arsenaux fument !..), essayons, cette paix, de la « commencer entre nous. Nous sommes divisés, sans « doute, mais l'Europe nous croit plus divisés que « nous ne sommes. Voilà ce qui l'enhardit. Ce que « nous avons de dur à nous dire, disons-le, versons « notre cœur, ne cachons rien des maux, et cher- « chons bien les remèdes. Un peuple ! Une patrie ! « Une France !.. Ne devenons jamais deux nations, « je vous prie. Sans l'unité, nous périssons. Comment « ne le sentez-vous pas ? *Français de toute condition, « de toute classe et de tout parti, retenez bien une « chose, vous n'avez sur cette terre qu'un ami sûr,*

« *c'est la France.* Vous aurez toujours, par devant la « coalition, toujours subsistante, des aristocraties, « un crime d'avoir, il y a cinquante ans, voulu déli- « vrer le monde. Ils ne l'ont pas pardonné, et ne le « pardonneront pas. Vous êtes toujours leur danger. « Vous pouvez vous distinguer entre vous par diffé- « rents noms de partis. Mais vous êtes, comme « Français, condamnés d'ensemble. Par devant « l'Europe, la France, sachez-le, n'aura jamais « qu'un seul nom inexpiable, qui est son vrai nom « éternel : la Révolution ! »

Quand on songe que ces lignes étaient écrites en janvier 1846, et que l'avenir devait si complètement donner raison à l'homme qui les traçait, un seul nom vous remonte aux lèvres, celui que les Latins donnaient au poète : *vates, devin.* Michelet aura eu l'amère et douloureuse satisfaction de faire entendre une prophétie lorsqu'il croyait seulement donner un conseil.

J'ai connu, j'ai admiré, je regrette en Michelet, non-seulement le prodigieux artiste, l'évocateur des temps évanouis, le penseur profond, le styliste entraînant, mais aussi l'homme intime, accueillant, affectueux, simple et candide comme un enfant, avec des énergies de lion et une force nerveuse irrésistible. Cette tête aux yeux brûlants, perçants, ses traits passionnés, sa bouche éloquente, telle que l'avait peinte Chenavart, je crois, dans le beau portrait qui ornait et couvrait tout un pan de mur du salon de la rue d'Enfer ; ce petit corps frêle en apparence, résistant et robuste en réalité, donnaient à Michelet un aspect inoubliable. Aucun homme — on le devinait à première vue — n'eut jamais une telle ferveur fiévreuse pour le bien, pour le droit, pour toutes les vraies vertus humaines. Toute sa vie fut un combat pour la justice. Michelet était né militant, non pas, il est vrai, à la façon des soldats de la démocratie, mais à la manière des vieux maîtres, de ceux qui ont fondé, par leur parole et leurs écrits, la liberté moderne. Il pensait qu'une voix tombant de la chaire du professeur avait plus d'autorité que si elle venait de la tribune, parce qu'elle devait sembler plus désintéressée, et Michelet avait tenu, en 1848, à demeurer *professeur*. Il aimait ce titre. *Enseigner*, quelle plus belle tâche ! *Instruire*, quel plus noble vœu !

— Vous combattiez au grand jour, lui ai-je entendu dire à un des chefs du parti d'action d'il y a vingt ans — à Etienne Arago — moi je cheminais souterrainement; je traçais mon sillon. Vous savez, ajoutait-il en souriant, que la trappe fait plus d'ouvrage peut-être qu'aucun être au monde !

Il n'y avait là nulle affectation de fausse modestie. Sans nul doute, Michelet devait juger à sa valeur l'œuvre qu'il avait faite, mais on ne sentait jamais en lui le poids de cette supériorité dont il aurait eu le droit d'écraser les autres. Tant de sots se montrent si odieusement vains de leur bouffissure qu'il serait bien permis au génie de montrer quelque fierté. Mais chez Michelet, cette fierté même ne se montrait pas, n'existait pas.

J'ai parlé de sa candeur. J'ai entendu M. Michelet raconter comment en Suisse, tandis qu'il préparait, en compagnie de l'admirable femme qui partageait sa vie et portait son nom, les éléments du livre de la *Montagne*, il s'était lié avec un personnage fort aimable en apparence, très poli et très instruit.

— Nous le recevions chez nous, disait Michelet, nous l'avions invité à s'asseoir à notre table, mieux que cela, *à étudier avec nous, à partager notre microscope*, et un beau jour on vint nous dire : Vous ne savez donc pas qui vous recevez?

— Non, et qui donc recevons-nous? — Qui! Mais le bourreau, tout simplement! C'était le bourreau du canton qui s'intéressait à nos études d'histoire naturelle!

En contant cela, M. Michelet donnait une telle éloquence à ces mots : *partager notre microscope*, qu'on devinait tout un monde d'enthousiasmes sincères et profonds, de joies naïves, de curiosités empressées, autour de cet instrument scientifique qui constituait la chose *sacro-sainte* du foyer, le dernier terme de l'intimité parfaite.

Les belles âmes que ces grandes âmes! Et comme elles font penser à ce personnage de Victor Hugo, Mgr Myriel, qui allait au-devant de Napoléon comme un *bonhomme* va vers un *grand homme*, avec cette différence qu'elles ont à la fois la grandeur et la bonhomie.

Michelet est mort septuagénaire. Il était Parisien et enfant du peuple. Il avait souffert avant de conquérir sa large place. Il avait, tout enfant, travaillé; comme vieillard, il travaillait encore. Sa devise eût pu être aussi celle-là : *Laboremus*.

Il a éloquemment conté ses premières années de luttes, de travail, de privations, — j'allais dire de misère — dans la préface de ce beau livre du *Peuple*, dont il a dit, en le dédiant à Edgar Quinet : « Ce livre m'est plus qu'un livre, c'est moi-même. » Je ne sais point de pages plus émouvantes, plus profondément marquées au coin du génie. Michelet s'étudie lui-même, pour montrer comment les familles grandissent et s'élèvent. « Les deux familles dont je procède, dit-il, l'une picarde et l'autre ardennaise, étaient originairement des familles de paysans qui mêlaient à la culture un peu d'industrie. » Qu'on se rappelle Proudhon s'écriant fièrement : *J'ai mes quartiers de paysannerie !* « Dans ma famille maternelle particulièrement, dit Michelet, les sœurs, toutes remarquables par l'économie, le sérieux, l'austérité, se faisaient les humbles servantes de messieurs leurs frères, et, pour suffire à leurs dépenses, elles s'enterraient au village. Plusieurs cependant, sans culture et dans cette solitude sur la lisière des bois, n'en avaient pas moins une très fine fleur d'esprit. J'en ai entendu une, bien âgée, qui contait les anciennes histoires de la frontière aussi bien que Walter-Scott. Ce qui leur était commun, c'était une extrême netteté d'esprit et de raisonnement. Il y avait force prêtres dans les cousins et parents, des prêtres de diverses sortes, mondains, fanatiques; mais ils ne dominaient point. Nos judicieuses et sévères demoiselles ne leur donnaient la moindre prise. *Elles racontaient volontiers qu'un de nos grands oncles* (*du nom de Michaud ? ou Paillart ?*) *avait été brûlé jadis pour avoir fait certain livre.* » Michelet ne fut pas brûlé, mais je crois bien que ses livres l'ont été çà et là. Tout enfant, il devait, au surplus, savoir ce que pèse la persécution et ce qu'endure la pensée. Fils d'imprimeur, il fut frappé par les décrets de l'empire. Napoléon ne voulait, dans toute la France, que soixante imprimeurs. Les petits furent supprimés avec une indemnité dérisoire. Les Michelet se virent, du soir au matin, dans le besoin. « Nous ne trouvâmes qu'un moyen, dit l'historien du *Peuple*, c'était d'imprimer pour nos créanciers quelques ouvrages qui appartenaient à mon père. Nous n'avions plus d'ouvriers, nous fîmes ce travail nous-mêmes. Mon père, qui vaquait aux affaires du dehors, ne pouvant nous y aider, ma mère, malade, se fit brocheuse, coupa, plia. Moi, enfant, je composai. Mon grand-père, très faible et vieux, se mit au dur ouvrage de la presse et il imprima de ses mains tremblantes. »

Philarète Chasles, qui avait à peu près commencé ainsi, répétait souvent que les générations actuelles étaient gâtées par le sort et qu'elles n'avaient point assez subi les rudes épreuves de la souffrance. Il faut avouer que ces âpres débuts trempèrent solidement ceux qui s'en tirèrent à leur grand honneur, comme Michelet. Quelle distance entre ce pauvre et noir atelier de l'enfance et ces salles du Collège de France, toutes retentissantes de bravos enthousiastes ! Quelle existence de labeur vaillant et noblement récompensé par la plus pure gloire ! Déjà, dans ces années de nécessité froide et nue, dans cette cave où Michelet enfant travaillait, le futur auteur de *l'Insecte* perçait dans le petit compositeur d'imprimerie. Le prisonnier de douze ans avait une amie, semblable à celle de Pellisson. « J'y avais pour compagnie, a-t-il écrit, parfois mon grand-père, quand il y venait, mais toujours, très assidûment, une araignée laborieuse qui travaillait près de moi et plus que moi, à coup sûr. » Voilà déjà le Michelet naturaliste de ces derniers temps, le poète de l'oiseau, de la fourmi, de la montagne et de la mer ! Combien de fois a-t-il dû la revoir, cette laborieuse araignée, sa *camarade d'atelier !*

Quand un de leurs grands hommes meurt, les Anglais publient d'ordinaire quelque volume de notes biographiques, de fragments, de souvenirs. Ce ne sont pas des *Mémoires*, puisque le mort n'est plus là pour se raconter lui-même ; ce ne sont point de pures études littéraires, puisque l'anecdote y tient plus de place que la critique ; ce sont plutôt des témoignages d'amis, de disciples apportés à celui qui n'est plus comme on apporterait des couronnes sur un cercueil. On pourrait écrire sur ces ouvrages, comme sur une tombe : *In memory fo*... C'est ainsi qu'on a mis en vente, à Londres, une *Vie de Charles Dickens* qui n'emplit pas moins detrois gros volumes in-octavo, et qui fourmille de renseignements intéressants et de notes piquantes.

Eh bien! ce qu'on a fait en Angleterre pour Dickens, je voudrais le voir faire en France pour des hommes de la valeur de Michelet, et je souhaiterais que chacun de ceux qui l'ont connu apportât à l'avenir le témoignage de son admiration. Ne pouvons-nous compter d'ailleurs que nous aurons aussi *Michelet raconté par un témoin de sa vie!* Il est là-bas, fidèle et veillant aujourd'hui sur la mémoire de l'écrivain comme hier sur son bonheur.

Pour nous, évoquant les souvenirs effacés à demi, nous revoyons encore cet œil étonnant qui semblait regarder au delà des temps, nous entendons cette voix puissante et mordante qui faisait vibrer dans les âmes les cordes les plus hautes et les plus fières.

Les propos quotidiens, les causeries de Michelet eussent mérité d'être recueillis comme ceux de Gœthe l'ont été par Eckermann. Mais la noble compagne de son labeur nous donnera, après ses *Mémoires*, ses conversations, je pense. C'était là surtout qu'on retrouvait *le voyant*. Son langage était toujours élevé et d'une originalité puissante. Il faisait jaillir de la moindre pensée, d'une comparaison en apparence banale, des chocs d'étincelles, des gerbes d'éclairs. Nos paysans assurent que la prunelle du bœuf est conformée de telle sorte que l'animal, en fixant son œil sur l'homme, voit son maître doué d'une taille gigantesque. « C'est ce qui fait qu'il le redoute et lui obéit », ajoutent les bonnes gens. Ce qui est sûr, c'est que la pensée de certains hommes *voit énorme*. Ainsi faisait Michelet. Ainsi fait Victor Hugo.

Mais Michelet voyait, à la fois *grand* et *doux*. Il y avait autant de cordes tendres que de cordes d'airain dans sa voix et dans son langage. On sentait en lui l'homme de la foi et l'homme de cœur. Le cœur, c'était là, pour lui, la source inépuisable, la fontaine de Jouvence. Il était de ceux qui *aiment à aimer*. Il croyait à ce qu'il nommait « la justice souveraine des foules », il croyait à la France, il croyait au peuple.

— Je ne m'incline que devant un seul être, me disait-il, celui que Luther a appelé *Herr Omnes*, Monseigneur Tous.

Quel livre on composerait, ainsi, de tout ce qui tombait de curieux ou de profond de cette bouche, dont l'admirable froncement, les rides descendant des commissures des lèvres jusqu'au menton, étaient faits pour la sculpture !

Un soir, en parlant de l'*inspiration* et de la manière dont étaient conçus les beaux livres :

— Il y a des jours, disait-il, où l'on écrit avec son sang, d'une écriture fière, solide, forte ; d'autres jours où l'on écrit menu. Ce serait beau d'imprimer tel quel le manuscrit, tel qu'il a été tracé ! Nous vantons toujours la *lettre moulée*. Soit. Mais la *lettre non moulée !* C'est elle qui nous montrerait si l'auteur avait réellement la fièvre en écrivant tel passage fiévreux. C'est elle qui nous révèlerait l'état de l'écrivain, à l'heure où il faisait son œuvre ! Jean-Jacques Rousseau, par exemple, est un calligraphe. En lisant ses manuscrits, on n'aperçoit jamais le trouble de son cœur ! Voltaire lui-même, si emporté, si sincère, écrit trop bien.

Puis, devenant tout à coup un peu mystique et comparant entre elles les diverses écritures des peuples :

— La véritable écriture, ajoutait M. Michelet, c'est l'écriture française. Remarquez que l'o forme justement le cercle que la terre décrit autour du soleil !

Il nous montrait, un soir, un album précieux, vraiment beau, représentant des steppes Kirghizs, un recueil d'eaux-fortes très vivantes et, à propos de ces planches, soudain il évoquait ses souvenirs

— Songez, disait-il, un pays où il n'y a rien, des plaines, le nu, de grandes landes de sable, parfois des collines arides au dos desquelles se profilent les chameaux, parfois des lacs entourés de rochers tels qu'on se figure les pics d'Ecosse et des entassements de blocs assez semblables à ceux de Fontainebleau. Puis, au milieu de cette nature vide et morne, çà et là, de loin en loin, à des lieues de distance, un arbre, un seul. Un seul arbre ! Quand les femmes passent devant, elles donnent à cet arbre un de leurs cheveux ; quand ils aperçoivent cet arbre unique, les Tartares s'arrêtent et s'arrachent, pour le lui offrir, un poil de barbe. C'est un culte. Cet arbre devient presque dieu.

Et, cela dit, M. Michelet, selon son habitude, prenait texte d'une observation, d'une note inédite, d'un trait de mœurs, d'un mot, pour se livrer à des développements qui s'illuminaient de génie.

— On ne se figure pas, reprenait-il, ce que *l'unité* d'un être fait pour cet être. Qu'on imagine un seul arbre sur terre, qu'on s'imagine une seule femme ! Quelle adoration ! quel amour ! Mlle Delaunay — Mme de Staal — raconte qu'elle n'a jamais été aussi heureuse que pendant sa détention à la Bastille, parce qu'elle seule était femme dans la prison. Les murs mêmes soupiraient pour elle.

Ceux qui n'ont point connu Michelet viennent de le représenter à peu près comme une sorte de Raspail affecté de la monomanie de la persécution jésuitique. La vérité est que Michelet n'aimait point, et avec raison, les doctrines des Jésuites qu'il avait combattus, côte à côte avec Edgar Quinet. Il souriait lui-même en songeant à ses terribles ennemis, et il aimait à dire qu'à Lucerne, précisément là où il fit la connaissance du bourreau, il était logé, en face du Mont-Pilate, dans un couvent de Jésuites.

Il avait longtemps habité rue des Postes la vieille demeure, hantée par l'ombre de deux vieux conventionnels, où les Jésuites ont depuis établi leur maison.

— Le jour de la naissance de ma fille, disait Michelet, j'avais planté un cerisier dans ce jardin de la rue des Postes !

Et avec sa fine ironie :

— Les Jésuites ont mon cerisier, faisait-il, souriant avec le rictus de Voltaire.

M. Michelet avait suppléé M. Guizot à la faculté des lettres, de 1834 à 1835. Il était alors, chose bizarre, regardé comme quasi orthodoxe à cause de son étude sur Vico, qui ne déplaisait point au parti religieux. On ne soupçonnait point ce qui grondait en lui d'idées indépendantes ; aussi bien, lorsqu'il attaqua en chaire les Jésuites, ce fut une stupéfaction. « Ce fut, disait Sainte-Beuve à M. J. Levallois, *un coup de foudre dans un ciel bleu.* » Le coup de foudre devait être et provoquer à la fois un véritable orage.

Michelet était déjà, dès 1834, l'homme de la physiologie, recherchant dans le tempérament des personnages historiques le secret de leurs actions. Il n'avait, pas plus alors qu'en ses dernières années, l'horreur du mot propre et du *réalisme.* J'aime qu'un penseur soit ainsi identique à lui-même. M. Michelet avait donc le verbe franc et déshabillait courageusement et même violemment la vérité. On raconte qu'un jour, M. Guizot trouva à l'Académie Prosper Mérimée traçant sur du papier, durant la séance, des dessins obscènes.

— Que faites-vous là ? dit le calviniste M. Guizot assez étonné.

— Moi ? fit Mérimée, j'illustre le cours de votre suppléant !

En vérité, l'auteur des *Lettres à une inconnue* était à la fois d'une injustice bien grande et d'une bégueulerie bien inattendue. Je lisais naguères, dans une revue, des vers très mordants, et très narquois adressés justement à cette *Inconnue* et signés : *Un inconnu*. L'*inconnu*, poète jusqu'au bout des ongles — et ses ongles sont fort aiguisés — raille cet incrédule qui croyait cependant

A la vertu de Sainte-Beuve !...

On serait tenté de proclamer que Mérimée a mérité les verges dont le fouaille cet inconnu, qui est célèbre, et qui est Joseph Autran, le poète de la *Mer*.

Sainte-Beuve n'était certes pas vertueux et il n'avait que faire d'une certaine vertu. Il en avait d'autres et parmi ces vertus-là, le bon sens le plus fin.

Chose étrange pourtant, Sainte-Beuve, cet homme qui comprenait, sentait et devinait tout, n'aimait point Michelet, qu'il comparait, on s'en souvient, à un faune regardant avidement les nudités des statues du parc de Versailles.

Sainte-Beuve adressait à Michelet le même reproche que Mérimée.

Et pourtant Michelet ne connut jamais en ce monde que la passion, et ceux-là, le critique et le conteur, savaient bien ce que c'est que le caprice. Il fallut, pour que Sainte-Beuve s'adoucît dans ses jugements sur Michelet, que son dernier secrétaire, M. Jules Troubat, lui fit entendre qu'il était peut-être injuste de ne pas voir tout ce qu'avait tenté, réalisé le grand historien. Sainte-Beuve se sentit touché, ou plutôt vaincu, et il glissa, dans un de ses écrits, qu'après tout la gloire de Michelet était du meilleur aloi. La sympathie ardente qu'avait la jeunesse pour l'auteur de l'*Histoire de France* et de l'*Histoire de la Révolution* désarmait décidément l'auteur de *Port-Royal.* Mais, en vérité, — je le dis tout bas, — ne viens-je pas de laisser deviner peut-être une des causes de la sévérité de Sainte-Beuve? Lui aussi était historien! Certes le critique, chez Sainte-Beuve, était inaccessible à tout autre sentiment qu'à celui du vrai. On sait quelle était sa devise : *Truth*. Mais enfin, quoi qu'on fasse, on n'en est pas moins homme. On ne peut se défendre, peut-être, d'une certaine mauvaise humeur inavouée. Il y a de la jolie femme dans tout homme de talent, et il ne faut pas lui demander de s'extasier sur les grâces et les séductions de son rival. J'indique et n'appuie pas.

Au surplus, Sainte-Beuve n'en trouvait pas moins Michelet un très-grand homme.

En cherchant dans les lettres des années précédentes parmi tant de *billets* rapides, où Michelet jetait de ces mots imagés qui en disent plus long, en dix lignes, que d'autres en dix pages, je retrouve, de cette large écriture, franche, mâle, emportée et ferme en même temps, des lettres qui me rappellent, tout entier, cet admirable maître.

Ici, c'est un simple mot relatif à la publication d'un ouvrage qu'on annonçait alors, en 1863, sous ce titre : *Philosophie populaire* :

« Je n'ai jamais songé à traiter le très difficile sujet dont vous parlez — sujet impossible peut-être dans nos temps de transition. »

Là, une lettre relative au volume de son *Histoire* où il parle de Beaumarchais :

« Si Beaumarchais vivait, il me remercierait pour cet énorme piédestal que mon livre lui fait dans la guerre d'Amérique. »

Plus loin, il s'agit d'un article où nous avions comparé Veuillot à Proudhon :

« Je vous remercie de m'avoir appris que Veuillot et Proudhon sont sortis du même *tonneau*, tous deux pleins de verve et de vin. La différence, c'est chez Proudhon, comme vous le dites, ce cœur d'homme et *cette furie d'idées* que n'a pas l'autre, et sa pauvreté sainte, sa marmite de choux, au milieu de la chambre, cette famille charmante... Je le regretterai toujours. »

Puis encore, à propos d'un *on-dit* qui le représentait comme candidat à l'Académie française (un tel écrivain ne devait-il pas y être, non point seulement nommé, mais appelé?) :

« Je vous remercie fort, cher ami, pour moi et pour Quinet. Jamais je ne me présenterai. Je suis de l'Institut. Mais cela lui revient de droit. Insistons en ce sens, je vous prie, directement ou par nos amis. »

Ainsi, le dévouement fidèle à son compagnon de luttes, au frère d'armes du collège de France, subsistait chez le vieillard. Je les citerais volontiers, toutes ces lettres précieuses où Michelet se montre tel qu'il était, franc, ardent et bon. Mais non, mieux vaut les relire seul, pour y retrouver avec une émotion nouvelle les conseils, les paroles d'espoir, les souvenirs d'autrefois. En voici une cependant où l'âme de Michelet se peint tout entière, et que nous valut un article plein sans doute de l'admiration que nous avons toujours professée pour l'historien de la patrie :

« L'article est trop beau, cher ami. Et que direz-vous donc des grands prophètes de l'avenir ?

« J'ai eu toujours présent le grand tableau de la *Sixtine*, l'allaitement, la bouillie, etc. Et pour bouillie, j'ai jeté *de ma chair*, du sang, à ce grand enfant, ce temps-ci. L'enfant profite, mais lentement.

« Vous avez un beau mot : Cette *ardeur sous calme*. Bonne, excellente chose. Ne vous consumez pas. »

Il se consumait pourtant, lui. Il avait raison de dire qu'il avait jeté de sa chair — de son cerveau, de sa moelle — à nos générations. Mais quand on lui parlait de lui-même, lui, dont un écrivain autrichien (M. Sigismond Kolisch) a pu dire hier que « *le souffle du génie ne passait pas, avec une égale force, sur deux élus, dans le même siècle* » ; quand on lui parlait de son œuvre, il répondait comme je lui ai entendu dire :

— Je dirai de moi ce que je dis de Turgot à la fin d'un chapitre : Je ne suis pas *un héros*. Être un héros, voilà l'idéal ! *Être Garibaldi !* ajoutait-il en hochant la tête.

Il savait pourtant bien que la plume vaut l'épée, et qu'elle affranchit peut-être plus sûrement que l'épée, au moins à de certaines heures.

Mais Garibaldi, incarnation d'un peuple, était la grande admiration de Michelet qui aimait, avant tout, les peuples, et avant *les peuples*, le peuple de France. Il admirait aussi Victor Hugo. « Victor Hugo *martelle le vers* », disait-il. Nous avons recueilli, sur les quais, un vieux volume, le premier volume de l'*Histoire de France* amené là, Dieu sait après combien d'événements, et portant cette dédicace : « *L'auteur à M. Victor Hugo. Admiration profonde, J. Michelet.* »

Michelet pouvait cependant vivre heureux. Dans le sens qu'applique au mot le philosophe Emerson, il fut véritablement *un héros*, j'entends qu'il excella dans son art, qu'il voua sa vie à son idée, qu'il nourrit son siècle de *sa bouillie*, de son sang, comme il nous l'écrivait, et qu'il laisse parmi les hommes un grand nom destiné à grandir encore.

Et pourquoi vivra-t-il toujours? C'est qu'il eut le génie de la Vie. Son histoire palpite. Il l'a dit lui-même; il resta à bonne distance des doctrinaires, — majestueux, *stériles*, écrit-il, — et du grand torrent romantique de *l'art pour l'art*. « J'avais mon monde en moi. » Et, jeune, l'esprit échauffé par ce soleil de juillet qui dictait à Barbier ses *Iambes*, il écrivit ses premières pages, non sur la borne, comme Mercier, mais sur les pavés qui brûlaient. Et il ne se contentait point de raconter seulement ou de juger (étranges jugements que ceux des historiens, dont les arrêts sont cassés par les générations nouvelles)! — il prit pour mots d'ordre : *évoquer*, *refaire*, *ressusciter* les âges.

Pour cela, il fallait plonger au fond du passé, dans cette mer mêlée de tant de sang. Il fallait condamner sa jeunesse à respirer l'odeur et la poudre des vieilles archives, des moisissures d'autrefois. Il fallait entrer vivant dans le tombeau des siècles, comme le Torquemada de Hugo entre dans l'*in pace*, mais pour y chercher, dans cette tombe, la vie, la germination et la lumière de l'avenir. Michelet fit cela. Il aima la France : il lui donna une histoire. La France ne l'oubliera pas.

« J'avais, dit-il d'une façon superbe, une belle maladie qui assombrissait ma jeunesse, mais bien propre à l'historien ! J'aimais la mort. J'avais vécu neuf ans à la porte du Père-Lachaise, alors ma seule promenade. Puis j'habitai vers la Bièvre, au milieu de grands jardins de couvents, autres sépulcres. Je menais une vie que le monde aurait pu dire enterrée, n'ayant de société que celle du passé, et pour amis les peuples ensevelis. Refaisant leur légende, je réveillais en eux mille choses évanouies. Certains chants de nourrice dont j'avais le secret étaient d'un effet sûr. A l'accent, ils croyaient que j'étais un des leurs. Le don que saint Louis demande et n'obtient pas, je l'eus : le *don des larmes*. »

Il semble, à écouter ces étonnantes confidences, que l'historien ait eu la vision même, l'hallucination de la vie d'autrefois. Ces aïeux, nos pères, cette foule anonyme qui nous a, par lambeaux, constitué la patrie, ces morts dont les ossements mêmes ont disparu, il leur parle, il leur chante — quoi ? de naïves chansons de nourrice et, comme sous une incantation magique, la poussière s'anime, elle reprend un corps, un geste, une voix. Il y avait du *voyant* chez Michelet. Il passait, hanté comme par des fantômes.

Avec ces fantômes, il a vécu, je le répète, pour les faire revivre. Il a donné quarante ans de sa vibrante vie à cette œuvre et, avant de l'achever, il s'écria un jour :

— « Eh bien ! ma grande France, s'il a fallu, pour retrouver ta vie, qu'un homme se donnât, passât et repassât tant de fois le fleuve des morts, il s'en console, te remercie encore ! Et son plus grand chagrin, c'est qu'il faut te quitter ici ! »

Michelet écrivait cet adieu à la France aux premiers jours de 1870. Quelques mois après, la France n'était plus *sa* France, la nôtre, celle que nous nous étions habitués à étudier, du Rhin à la mer. Mais si le génie d'un Michelet peut évoquer le passé, son âme, passant à travers ses livres, peut, en enflammant les générations nouvelles, préparer ainsi l'avenir !

Son visage, tel que l'avait peint Thomas Couture, tel que Chapu l'a sculpté sur le marbre du Père-

Lachaise me revenait ainsi, devant le bronze de Barrias; et — à côté du sien, — un autre visage celui d'un enfant, d'un défenseur inconnu de ce Paris qui se dresse là, dans son costume de guerre.

Que de bruit, il y a quatorze ans, autour de ce piédestal et quel silence ensuite jusqu'au jour où des ouvriers sont venus hisser là le groupe du sculpteur ! J'ai vu cette pierre former le centre d'une sorte de parc d'artillerie, le soir de l'attaque de Buzenval. C'est là que se ralliaient, le lendemain matin, dans l'aurore grise et froide d'un jour boueux de janvier, les mobiles frissonnants, enveloppés de la peau de bique, les gardes nationaux tout fiers de leurs fusillades de la veille et les troupiers harassés par cinq mois de siège. Je revois encore les blessés arrêtés là et adossés au piédestal regardant, l'un son fusil brisé, l'autre sa main saignante. « J'ai tout de même pas de chance, disait un petit garde national de Montmartre qui faisait halte au rond-point pour souffler : la première fois que je vas au feu, je perds mon commandant et mon capitaine ! » Le commandant c'était Rochebrune ; le capitaine, un de ceux qu'on a enterrés côte à côte sans presque savoir leurs noms. On les mit, allongés dans leur bière, les uns contre les autres, on appela Disdéri qui les photographia en tas, d'un seul coup ; et elle-même est effacée maintenant, cette photographie jaunie : tout ce qui reste de ces morts inconnus.

La cérémonie de Courbevoie aura été la fête de ces morts. Je me rappelle encore, en écrivant, un funèbre souvenir de ces journées dures. Nous revenions, le soir du 20 janvier, de Buzenval à Paris en traversant Rueil, quand, devant la porte de la mairie de Rueil — ce Rueil plein de cadavres alors et égayé d'un Casino maintenant — notre attention fut attirée par un jeune sergent de mobiles qui, debout, les yeux rouges de larmes, se tenait, son képi à la main, humblement, en suppliant, devant un gros homme à figure réjouie et importante qui, sa casquette sur la tête, lui répondait :

— C'est impossible !... tout à fait impossible... Voyons, laissez-moi !

— Ce n'est pourtant pas difficile, répondait le petit sergent, très pâle, très triste, en montrant une grande tapissière où l'on apercevait un vague entassement de corps, des membres raidis, des fronts tout blancs, des taches rouges qui étaient des pantalons, et d'autres taches, plus rouges ou déjà noires, qui n'étaient pas des pantalons. — Non, ce n'est pas difficile, monsieur, je vous dis qu'il est là !.. Là !

Et sa main s'étendait vers la tapissière pleine de cadavres. Nous nous approchons. Ah ! jamais nous n'avons remercié comme ce jour-là les vains galons de notre képi ! Nous demandons ce dont il s'agit. C'est un des employés de la mairie, le portier, je crois — je ne sais au juste — qui refuse au petit mobile — vingt ou vingt-deux ans, l'air d'un enfant — d'arrêter pendant cinq minutes la tapissière qu'on emmène et qui emporte, pour les jeter en tas peut-être, les morts à demi gelés ramassés sur le champ de bataille.

— Pas même cinq minutes, monsieur ! Deux minutes, je vous en supplie ! Il ne sera pas long à descendre ! Je sais où il est... C'est le cinquième du côté du cheval ! Il y en a un autre par-dessus lui !

Et le pauvret étendait toujours la main vers la tapissière.

— Ah ! s'il fallait une fosse à part pour tous les soldats on n'en finirait pas, par exemple !

Je l'entends encore, la grosse voix qui répondait à la voix plaintive du petit mobile. Elle était brutale, sans merci, gonflée d'importance aussi comme celle de tout *fonctionnaire* devant un pauvre diable ou d'un pékin devant un soldat vaincu.

Nous nous approchons :

— De quoi s'agit-il ?

— C'est, dit le mobile, tout blême, tremblant, saluant encore, — c'est que c'est mon frère qui est là dedans, mon frère aîné. Il a été tué hier, mon capitaine.. J'ai passé la nuit, puis la journée, à le chercher et, quand je le retrouve, c'est là-dedans, et on l'emporte, et on ne veut pas me le laisser prendre pour le faire enterrer, dans un coin tout seul. Je voudrais l'avoir, pourtant ! Quand nous sommes partis, maman nous avait fait jurer de ne pas nous quitter. Même bataillon, même compagnie. Et c'est vrai, nous ne nous étions pas quittés.. Jamais. Eh bien ! qu'est-ce qu'elle dira, maman, que je l'ai laissé prendre, voler, que je n'ai pas fait mon devoir et que je n'ai même pas su trouver un coin pour l'y mener, elle, après et lui dire : *Tiens, il est là !*

Ah ! le pauvre garçon, et qu'il fallait être son Importance Monsieur le Fonctionnaire quelconque pour n'être pas remué par cette pauvre voix d'enfant et de brave enfant ! Car, s'il pleurait ce jour-là, il s'était hardiment battu, la veille, ce malheureux qui tremblait de n'avoir pas fait son devoir aux yeux de sa mère.

Furieux, contraignant l'employé à ôter sa casquette devant ce soldat qui lui parlait tête nue, nous ordonnâmes alors qu'on laissât le cadavre du frère au frère vivant et qu'on donnât une fosse spéciale au pauvre mort, dans la terre boueuse.

Je n'ai jamais revu ce *mobile* de Rueil, mais j'entends encore sa voix dolente répétant :

— Que dira maman quand je reviendrai, sans savoir où *il* est, à Fontainebleau, au *pays* ?

Le *pays*, c'était une maison près de la grande forêt, à cet enfant qui venait de défendre la patrie, côte à côte avec celui dont il réclamait le corps comme s'il eût demandé une faveur énorme.

Et j'ai songé, le jour de l'inauguration de la statue, à ce sergent de Seine-et-Marne, et j'ai revu sa tête nue et son képi noir de poudre tourné et retourné entre ses pauvres doigts tremblants et maigres — pendant que les discours retentissaient au bas du groupe de bronze de Barrias.

Peut-être l'homme à la casquette, S. M. l'Employé, était-il venu là pour applaudir aux péroraisons... en connaisseur !

Et, le cœur plein de ce passé, nous reprenons, le petit Georges et moi, le chemin de Viroflay. Jusqu'au chemin de la Saussaie il faut lui conter l'histoire du siège et des sièges, car, avec les enfants, une causerie est un chapelet qui, de grain en grain se déroule. Où l'enfant a-t-il lu le nom de Beaurepaire et celui de Verdun? Dans quelqu'un de ses livres d'histoire, et je lui conte la légende. Mais cheminant je lui dis encore que ce siège de Paris, dont il a vu le souvenir sculpté, eut aussi des Beaurepaires. Et ce n'est pas un seul désespéré qui se tua en 1871 pour ne pas survivre à la capitulation de Paris. Le siège de Paris eut au moins deux de ces martyrs authentiques, et les noms de ces héros ignorés je les dis, en marchant, au petit Georges.

Et lui écoute, ses grands yeux pleins de flamme.

L'un était un capitaine de frégate, un Limousin, M. Larret de Lamalignée, qui commandait en second le fort de Montrouge où trois capitaines de frégate comme lui avaient été tués déjà par les obus prussiens. Survivant à ses camarades, il ne voulut pas survivre à la chute de Paris. La dernière heure venue, pour ne pas voir, lui vivant, son fort occupé par les ennemis, il se fit sauter la cervelle.

Et ce suicide, comparable à celui de ces stoïciens qui s'ouvraient les veines sur les ruines du monde romain, ne fut pas le seul. Il y avait, parmi les canonniers de la marine, un vieux Breton, pointeur des grosses pièces, amoureux de son canon comme le mécanicien l'est de sa machine, comme le cavalier l'est de son cheval. Il l'aimait, ce dogue de bronze qu'il chargeait de gargousses pour lui faire cracher du fer sur l'ennemi. Il le frottait, le parait, veillait sur lui, fumait sa pipe à côté, et on l'avait vu, un jour qu'il pleuvait, on avait vu le vieux pointeur étendre sa vareuse sur le canon pour que la pièce ne fût pas mouillée, comme si elle eût vécu, senti et souffert.. Depuis des mois et des mois, le canonnier marin l'astiquait, le pointait, l'adorait, son canon. Quasimodo sur sa cloche n'était pas plus heureux d'entendre vaguement la voix du clocher que le marin breton le rugissement de son compagnon. Et un jour on vint dire à François Deldroux — il s'appelait François Deldroux :

— Mon pauvre vieux, c'est fini, tu sais ! Nous quittons les remparts, nous rentrons en ville ! On reprend la mer, mon matelot !

— La mer ?... Les remparts ?... Mais le canon ?

— Quel canon ?

— Mon canon donc ! Mon camarade ! Ma belle pièce de marine que j'ai si souvent pointée sur les lignes noires, là-bas !

— Eh bien, ton canon, mon vieux François, il faut le laisser aussi, ton canon ! Tu en retrouveras d'autres à bord. Tu sais que la peine ne nous manque pas, à nous autres !

— Oui dà ? Alors, c'est bon ! Rentrez en ville, matelots. Moi, je reste sur les remparts avec ma pièce.

Il me semble que si je la laissais, ils la prendraient, les Prussiens !

— Voyons, tu es fou, camarade ! Rester là ! Et si on te porte comme déserteur ?

— Moi ? Qu'est-ce qui déserte ? Ceux qui laissent là leurs armes ou ceux qui les gardent ?

Les canonniers et fusilliers marins — ces braves gens, ces beaux, forts, alertes, superbes gars que nous vîmes, au Bourget, bondir sur la Suiferie, la hache à la main — faisaient déjà leurs paquets et ramassaient leurs hardes dans leurs mouchoirs à carreaux.

François Deldroux s'éloigna un peu.

— Où vas-tu, vieux frère? Qu'est-ce que tu veux?

— Eh ! donc, l'embrasser une dernière fois !

— Qui ?

— Elle ! Ma pièce de marine !

En rang, silencieux, les marins attendaient, prêts à rentrer dans Paris, qu'on leur dît : *arche !*

Un coup de feu sur le rempart. On a tiré. Comment! Encore! Et qui a tiré?

— Mais c'est du côté de François! Eh! François! Eh! Deldroux! Eh! canonnier!

Le canonnier ne répondait pas.

On courut. On le trouva, le front troué, couché sur le canon qu'il avait chargé tant de fois. Son pistolet fumait près de son talon. François Deldroux respirait encore. Il eut le temps de dire :

— J'aime mieux ça!... Je ne voulais pas la savoir dans les pattes de l'ennemi! Voilà!...

Il était mort quelques heures après.

A côté du nom de Beaurepaire, défenseur de Verdun, — avant le nom de Beaurepaire, dont le suicide est contesté, — qu'on inscrive dans l'histoire et qu'on n'oublie jamais, que Paris surtout n'oublie jamais les noms du capitaine de frégate Larret de Lamalignée, et celui de François Deldroux, le vieux canonnier marin, le Breton et le Limousin, morts pour Paris comme Paris luttait pour la France!

Et maintenant, remets précieusement, mon Georges, au coin où je la garde, la canne de Monsieur Michelet. Nous la reprendrons, mon enfant, un jour que, las du roman et de la chimère, je voudrai, avec toi, faire une visite au passé, une chasse aux souvenirs!

Viroflay, 15 juillet 1885.

TABLE

Évreux, imprimerie de Charles Hérissey.